DIE KATZE BEHANDELN: SCHRITT FÜR SCHRITT

1. Schritt

Vorbereitung auf den Krankheitsfall
- Lesen Sie in ruhigen Stunden immer wieder einmal das erste und zweite Kapitel durch.
- Richten Sie die Tierapotheke ein (Seite 25), und achten Sie auf Verfallsdaten.
- Halten Sie für den Ernstfall die Grundausrüstung (Seite 25) bereit.
- Legen Sie wichtige Telefonnummern (Tierarzt, Tierheim, Tierambulanz, Polizei) und dieses Buch für den Notfall der Tierapotheke bei.
- Üben Sie immer wieder die auf Seite 11 beschriebenen Verhaltensweisen, damit sie der Katze im Ernstfall nicht fremd sind.
- Üben Sie immer wieder die beschriebenen Verbands- (Seite 26) und Behandlungsmaßnahmen (Seite 13, 25, 26) mit Ihrer Katze, damit sie ihr im Krankheitsfall vertraut sind.

2. Schritt

Einschätzung der Schwere der Erkrankung, wo finde ich was?
- Machen Sie sich ein Bild vom Ausmaß und der Schwere der Verletzung oder Krankheit.
- Wie Sie Ihre Katze untersuchen, finden Sie auf Seite 12.
- Die Krankheiten sind nach Bereichen an der Katze gegliedert, die Sie ganz schnell aus dem Inhaltsverzeichnis Seite 3 ersehen können.
- Bei der Diagnose helfen Ihnen die Schnelldiagnosetafeln (Seite 4 bis 7).
- Bei eindeutigen Beschwerden führt Sie das Sach- und Beschwerdenregister (Seite 92) direkt zur richtigen Seite.

3. Schritt

Maßnahmen ergreifen
- In schweren Fällen müssen Sie zum Tierarzt gehen oder den Tierarzt benachrichtigen.
- Bei einem Unfall bringen Sie das Tier sofort zum Tierarzt
- Verbände legen Sie mit dem Material Ihrer Tierapotheke oder Ersatzstoffen gemäß Seite 25 an.
- Maßnahmen für den konkreten Fall finden Sie bei den Beschreibungen der Krankheitsbilder ab Seite 49.

Viel Erfolg!
Dr. Katharina Seybold

Sanfte Medizin für meine Katze

➤ Bewährte Hausmittel mit Kräutern, Akupressur und Farbtherapie

AUTORIN: DR. MED. VET. KATHARINA SEYBOLD
FOTOS: ULRIKE SCHANZ
ZEICHNUNGEN: GYÖRGY JANKOVICS

Inhalt

Schnelldiagnose

Schnelldiagnose

Beschwerdenbereich	Hauptsymptom	Nebensymptom	Diagnosen
Wasseraufnahme (bis 50 ml Wasseraufnahme pro Kilogramm Körpergewicht und pro Tag sind normal)	trinkt viel	uriniert viel	Diabetes, Seite 53 Blasenentzündung, Seite 70 Gebärmutterentzündung, zum Tierarzt Nierenerkrankung, zum Tierarzt Trockenfutter, Seite 14
	trinkt wenig	uriniert normal	Ernährung mit Feuchtfutter, Seite 14
		erbricht zusätzlich	Nierenversagen, zum Tierarzt
	uriniert viel	setzt kleine Mengen Urin ab	Blasenentzündung, Seite 70 Blasensteine, Seite 76 Nierenerkrankung, zum Tierarzt Gebärmutterentzündung, zum Tierarzt
		trinkt viel	Diabetes, Seite 53 Nierenerkrankung, zum Tierarzt
	versucht ohne Erfolg zu urinieren	mit Erbrechen	Nierenerkrankung, zum Tierarzt Harnsteine, Seite 76
Futteraufnahme (bei Futterverweigerung, die länger als 2 Tage dauert, den Tierarzt aufsuchen!)	frisst nicht	Apathie, Fieber	Appetitlosigkeit, Seite 52 Abszess, Seite 49 Infektionen, Seite 49, 56, 59, 60, 69, 70, 71, 75 Lebererkrankung, zum Tierarzt Nierenerkrankung, zum Tierarzt Gebärmutterentzündung, zum Tierarzt
		Apathie	Vergiftung, zum Tierarzt Fremdkörper, zum Tierarzt
		Erbrechen, kein Kotabsatz	Gastritis, Seite 74 Fremdkörper im Darm, zum Tierarzt Verstopfung, Seite 78
	frisst viel	nimmt dabei ab	Würmer, Seite 79 Diabetes, Seite 53 Unterfunktion der Bauchspeicheldrüse, zum Tierarzt
		ist träge, nimmt zu	Fettleibigkeit, Seite 55 Schilddrüsenfunktionsstörung, zum Tierarzt Alter, Seite 90

4

Schnelldiagnose

Beschwerdenbereich	Hauptsymptom	Nebensymptom	Diagnosen
Futteraufnahme (bei Futterverweigerung, die länger als 2 Tage dauert, den Tierarzt aufsuchen!)	Erbrechen	mit Durchfall	Vergiftung, zum Tierarzt Magen-Darm-Infektion, Seite 72, 74 Katzenseuche, Seite 60 Lebererkrankung, zum Tierarzt
		ohne Kotabsatz	Verstopfung, Seite 78 Fremdkörper, zum Tierarzt Gastritis, Seite 74 Bauchfellentzündung, zum Tierarzt
		normaler Stuhlgang	Vergiftung, zum Tierarzt Gastritis, Seite 74 Nierenerkrankung, zum Tierarzt
Kotabsatz	Durchfall	mit Erbrechen	Durchfall, Seite 72 Katzenseuche, Seite 60
		ohne Erbrechen, mit Abmagerung	Darminfektion, Seite 72 Würmer, Seite 79 Unterfunktion der Bauchspeicheldrüse, Tumore, zum Tierarzt
	fehlender Kotabsatz	drückt ohne Erfolg auf Kot	Verstopfung, Seite 78
Atemwege	Husten	mit Würgen und Erbrechen	Entzündung von Rachen und Luftröhre, Seite 59
		Fieber, Apathie, frisst nicht	Bronchitis, Seite 71 Lungenentzündung, zum Tierarzt
		nächtliche Unruhe, Husten bei Stress	Herzprobleme, zum Tierarzt
	Niesen Nasenausfluss	wässriger Nasenausfluss	Katzenschnupfen, Seite 59
		trüber Nasenausfluss, Apathie, Fieber	Bronchitis, Seite 71 Lungenentzündung, zum Tierarzt
		einseitiger Nasenausfluss, blutig oder trüb	Fremdkörper in der Nase, zum Tierarzt Tumor in der Nase, Seite 61

Schnelldiagnose

Beschwerdenbereich	Hauptsymptom	Nebensymptom	Diagnosen
Kopf	Augen reiben	Lider verklebt	Bindehautentzündung, Seite 65 Katzenschnupfen, Seite 59
		Augenausfluss	Bindehautentzündung, Seite 65 Erkrankungen der Lider, Seite 65 Hornhautentzündung, Seite 65 Katzenschnupfen, Seite 59
	sieht schlecht	bei älteren Tieren	Glaukom, zum Tierarzt
		bei jüngeren Tieren	Katzenschnupfen, Seite 59
	Kopf schütteln	Ohren riechen streng	Gehörgangsentzündung, Seite 66
		dicker Ohrlappen	Blutohr, zum Tierarzt
	hält den Kopf schief	schwankender Gang	Vergiftung, zum Tierarzt Gehörgangsentzündung, Seite 66 Neurologisches Problem, zum Tierarzt Kopf- bzw. Wirbelverletzung, zum Tierarzt
	hört schlecht		Taubheit, zum Tierarzt
		Ohren riechen streng	Gehörgangsentzündung, Seite 66
	sabbert, würgt	reibt mit Pfoten an Schnauze	Fremdkörper in der Mundhöhle, Seite 67
		stinkt aus dem Maul	Zahnprobleme, Seite 67 Zahnfleischentzündung, Seite 67
		mit Schluckstörungen	Luftröhrenentzündung, zum Tierarzt Bronchitis, Seite 71 Vergiftung, zum Tierarzt
Juckreiz	Ohren		Gehörgangsentzündung, Seite 66
	Pfoten		Verletzungen, Seite 63 Bakterielle Hauterkrankungen, Seite 54
	ganzer Körper		Allergie, Seite 51 Bakterielle Hauterkrankungen, Seite 54 Flöhe, Seite 57 Heilende Verletzungen, Seite 63

Schnelldiagnose

Beschwerdenbereich	Hauptsymptom	Nebensymptom	Diagnosen
Belecken	Bauch		Psychosomatische Erkrankung, Seite 86 Chronische Darmentzündung, Seite 72 Chronische Blasenentzündung, Seite 70
Lahmheiten	einzelne Gliedmaßen		Gelenkverletzung, Seite 83 Arthrose, Seite 81 Knochenbruch, Seite 82
	mit Fieber und Mattigkeit		Abszesse, Seite 49 Verletzung, Seite 63
	Rücken schmerzhaft		Wirbelsäulenverknöcherung, zum Tierarzt Alter, Seite 90 Verletzung/Unfall, Seite 63
Blutungen	einzelne Körperteile		Schnittverletzung, Seite 63 Bisse, Seite 63 Stiche, Seite 63 Risse, Seite 63
	Zahnfleisch		Zahnfleischentzündung, Seite 67 Tumoren, Seite 61 Vergiftung, zum Tierarzt Fremdkörper in der Mundhöhle, Seite 67 Gastritis, Seite 74
	Urin		Blasenentzündung, Seite 70 Blasensteine, Seite 76 Vergiftung, zum Tierarzt
	Kot		Katzenseuche, Seite 60 Magen-Darm-Entzündung, Seite 72, 74 Vergiftung, zum Tierarzt
	aus der Scheide		Gebärmutterprobleme, zum Tierarzt Kurz vor oder nach der Geburt, Seite 88, 89

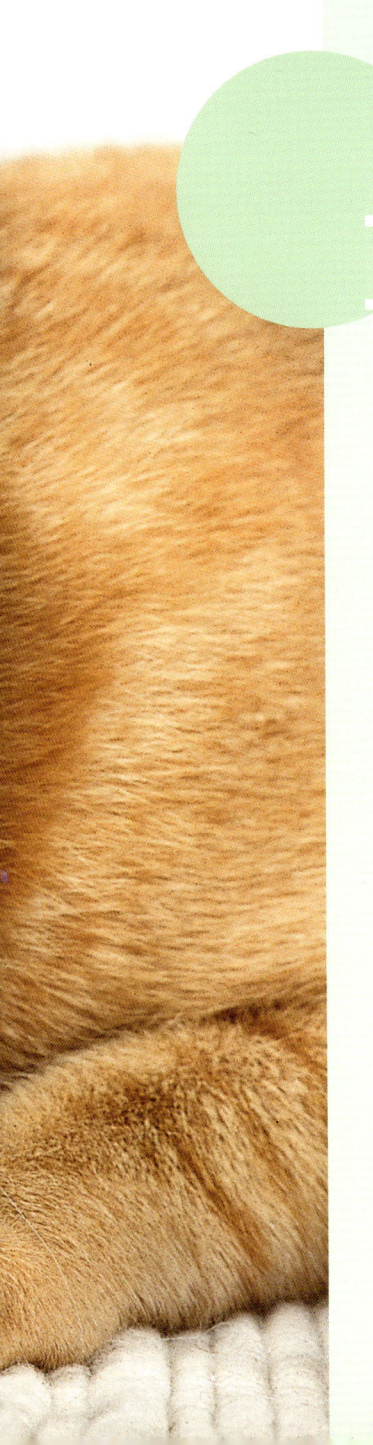

Die Katze gesund erhalten

Die Katze heilen

Der Anblick einer gesunden, munteren Katze ist für jeden erfreulich. Diese Gesundheit zu erhalten oder wieder herzustellen, können wir erreichen, indem wir die Katze entweder auf konventionelle Weise oder mit alternativen Heilmethoden, wie Chinesischer Medizin (mit Akupunktur, Akupressur, Diätetik und Kräutermedizin), westlicher Pflanzenheilkunde, Homöopathie, Bach-Blüten oder Farbtherapie, behandeln lassen. Doch am ehesten erreichen wir dieses Ziel, wenn wir beide Behandlungsformen kombinieren.

Ganzheitlicher Therapieansatz

Darunter versteht man, sowohl die physische als auch emotionale und mentale Ebene in die Behandlung mit einzubeziehen. Viele Naturheilverfahren, wie die Homöopathie und Chinesische Medizin, arbeiten auf dieser Basis und erreichen eine tief greifende Heilung.

Auch der Tierhalter beeinflusst durch die emotionale Zuwendung zur kranken Katze wesentlich den Heilungserfolg. Leider wird dieser Denkansatz in der konventionellen Medizin oft nicht weiter verfolgt. Doch welchen Sinn hat es, die Symptome einer stressbedingten Magen-Darm-Erkrankung medikamentös zu behandeln, ohne die Ursache, nämlich die Haltungsbedingungen, die Beziehung zur Katze oder ihre Konstitution, zu beachten. Solche Katzen sind so lange Dauerpatienten, bis sie ganzheitlich behandelt werden.

Katzen leben mit uns und sind daher unseren Fehlern und Gewohnheiten ausgesetzt, wie beschränktem, eventu-

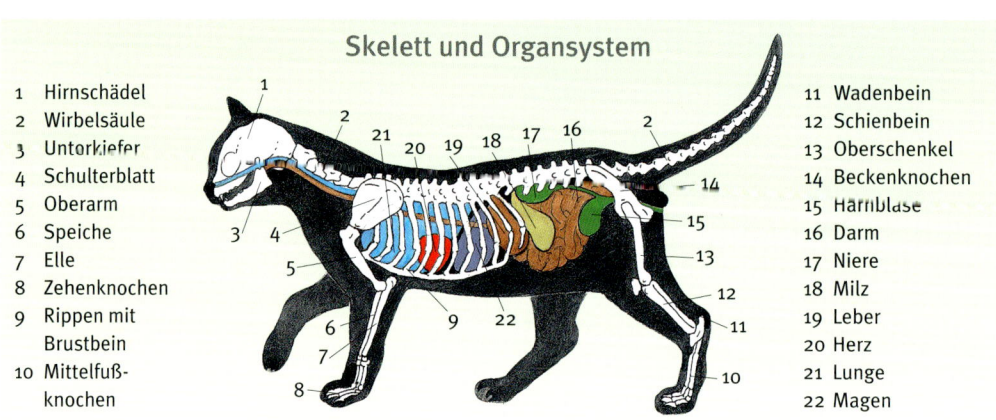

Skelett und Organsystem

1 Hirnschädel	11 Wadenbein
2 Wirbelsäule	12 Schienbein
3 Unterkiefer	13 Oberschenkel
4 Schulterblatt	14 Beckenknochen
5 Oberarm	15 Harnblase
6 Speiche	16 Darm
7 Elle	17 Niere
8 Zehenknochen	18 Milz
9 Rippen mit Brustbein	19 Leber
10 Mittelfußknochen	20 Herz
	21 Lunge
	22 Magen

ell unnatürlichem Lebensraum und Lebensrhythmus, industriell hergestellten Futtermitteln, übermäßigem Einsatz von Medikamenten und Chemikalien. So bekommen sie auch ähnliche Krankheiten wie wir, etwa Allergien, Magengeschwüre, Herz- und Verhaltensprobleme. Auch diese Problematik wird beim ganzheitlichen Heilungsweg berücksichtigt.

Die naturheilkundliche Behandlung

Mit naturheilkundlichen Methoden wird vor allem das Selbstheilungspotenzial des Tieres angeregt. Ist dieses erloschen oder liegen ernste Verletzungen oder Notfälle vor, sind die Schulmedizin und Chirurgie gefragt. Mit Naturheilkunde sollte dort behandelt werden, wo die Schulmedizin an ihre Grenzen stößt, etwa bei Allergien oder chronischen Schmerzen. So stellen Sie das Gleichgewicht im Körper einer an chronischem Durchfall erkrankten Katze eher wieder her, wenn Sie auch die Prinzipien der Diätetik der Chinesischen Medizin beachten.

Viele Katzen sprechen sehr gut auf die meist nebenwirkungsfreien Naturheilmethoden an, während sie auf Medikamente empfindlich reagieren. Aus diesem Grund bieten sich die sanfteren Methoden in vielen Fällen regelrecht an.

Checkliste

Was Katzen können sollten

Um Ihrer Katze im Krankheitsfall helfen zu können, sollten Sie mit ihr von Anfang an verschiedene Verhaltensweisen trainieren und sie an einige Behandlungsformen gewöhnen (immer mit Leckerli oder Lob und Streicheln).

➤ Bürsten und kämmen Sie regelmäßig das Fell der Katze, auch wenn es nicht nötig ist. Dadurch gewöhnen Sie das Tier an Massagen und andere Körperberührung.

➤ Untersuchen Sie regelmäßig einmal pro Woche den Körper der Katze auf Auffälligkeiten.

➤ Gewöhnen Sie die Katze an eine Transportkiste, damit nicht schon die Fahrt zum Tierarzt in Stress ausartet.

➤ Gewöhnen Sie die Katze daran, in einer Kiste oder an einer Stelle ruhig liegen zu bleiben. Dies ist zum Beispiel wichtig bei der Aromatherapie, bei Inhalationen oder der Farbtherapie.

➤ Die Katze sollte sich vom Tierarzt Augen, Ohren, Zähne etc. kontrollieren lassen und auch ohne Ihr Beisein auf dem Untersuchungstisch bleiben.

Unterdessen nimmt auch in Deutschland die Zahl der ganzheitlich arbeitenden Tierärzte zu. Sie sind klassisch ausgebildete Tierärzte mit einer vierjährigen Zusatzausbildung in anderen Heilmethoden. Eine Liste ganzheitlich behandelnder Tierärzte erhalten Sie bei der GGTM (Adressen, Seite 94).

Alltag der Katze

Alle guten Therapieansätze sind wertlos, wenn Haltung und Pflege der Katze nicht stimmen. Zur artgerechten Umgebung reiner Wohnungskatzen gehören z. B. Elemente, die Katzen mit Auslauf draußen vorfinden:

➤ ein Kratzbaum oder ein fast senkrecht gestelltes, mit Stoff bespanntes Brett zum Markieren und Kratzen mit den Vorderpfoten;

➤ erhöhte Schlaf-, Liege- oder Aussichtsplätze und Versteckmöglichkeiten als Rückzugsort;

➤ ein bis zwei Katzentoiletten pro Katze, die an einem ruhigen, nicht zugigen Ort und in gewisser Entfernung zum Futterplatz stehen;

➤ Katzengras (Foto Seite 14);

➤ diverses Spielzeug (Seite 15).

Die Pflege der Katze

Mindestens einmal pro Woche sollten Sie die Augen, Ohren, Zähne und den Analbereich auf Veränderungen kontrollieren.

➤ **Katzentoilette:** Sie sollte täglich gereinigt werden. Einmal wöchentlich die gesamte Streu austauschen.

➤ **Fell:** Kurzhaarkatzen bedürfen nur während des Haarwechsels einer zusätzlichen Pflege. Langhaarkatzen sollten Sie einmal täglich kämmen und bürsten (immer in Richtung des Haarstriches), damit das Fell nicht

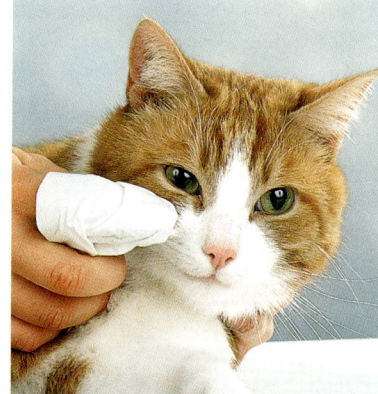

Alle Handlungen am Auge sollten Sie von der Seite oder von oben her ausführen.

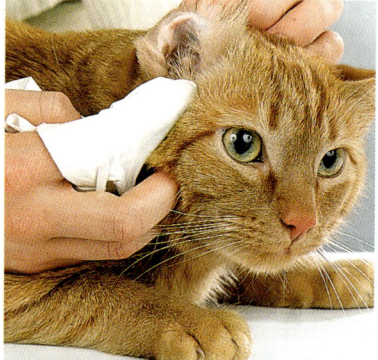

Zum Reinigen des Ohres verwenden Sie ein weiches, sauberes Tuch.

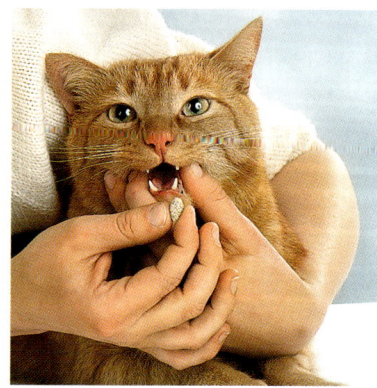

Die Katze öffnet ihr Maul, wenn Sie mit Daumen und Zeigefinger leicht auf die Mundwinkel drücken.

verfilzt. Filzknoten mit der Schere wegschneiden.

➤ **Analbereich:** Bei Verklebungen den After mit einem feuchten Papiertuch reinigen. Verunreinigungen oder Ausfluss können auf Erkrankungen hinweisen.

➤ **Krallen:** Ist das Kürzen notwendig, mit einer Krallenzange nur die vordere, nicht mehr durchblutete Spitze schneiden. Den Schnitt so setzen, dass die Krallenform bewahrt bleibt.

➤ **Gebiss:** Das Maul öffnen (Foto Seite 12 unten). Dann den Unterkiefer leicht nach unten drücken und Zähne und Zahnfleisch kontrollieren.

Medikamente eingeben

➤ **Augentropfen oder -salbe:** Mit Daumen und Zeigefinger das Lid der Katze leicht auseinander ziehen und von der Seite her in das Unterlid 2 bis 4 Tropfen träufeln oder einen kurzen

Salbenstrang legen. Das Medikament verteilen, indem Sie das geschlossene Lid mit den Fingern kreisend leicht massieren.

➤ **Ohrentropfen:** Die Ohrmuschel etwas anheben und das Fläschchen mit den Tropfen in den Gehörgang einführen. Die Tropfen einträufeln. Dann den Ohrengrund von außen gut massieren, um das Medikament zu verteilen.

➤ **Tabletten:** Das Maul öffnen (siehe Gebiss) und die Tablette so tief wie möglich in den Rachen legen. Das Maul zuhalten und die Kehle leicht nach unten streicheln, bis die Katze schluckt. Sie können die Tablette auch zerkleinert der Katze in etwas Fleisch oder Fisch zum Fressen geben.

➤ **Flüssigkeiten:** Die Lippen an einer Seite etwas auseinander drücken und die Flüssigkeit mittels einer 2-ml-Einwegspritze ohne Nadel seitlich in die Backentasche oder den Rachen spritzen. Auf diese Weise können Sie auch in Wasser aufgelöste Tabletten oder Globuli eingeben.

➤ **Fieber messen:** Eine Hilfsperson hält die Katze an den Schultern und Vorderbeinen fest. Den Schwanz etwas hochheben. Ein digitales Fieberthermometer mit wenig Vaseline einfetten und etwa 2 cm tief in den After einführen (Foto Seite 16).

All diese Aktionen sollte der Halter hin und wieder üben, auch wenn die Katze nicht krank ist.

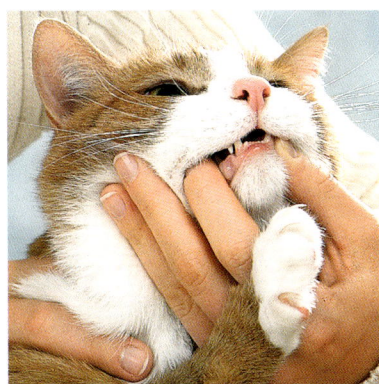

Die Zähne sollten regelmäßig auf Zahnstein kontrolliert werden.

13

Die gesunde Ernährung

Eine wild lebende Katze muss vor dem Fressen erst jagen, und da nicht jede Jagd erfolgreich endet, stellt sie eine Art Selbstregulation für die Menge des aufgenommenen Futters dar. Dieses Prinzip sollten Sie auch für Ihre Wohnungskatze anwenden und das Futter mit Suchaktionen verbinden, indem Sie es im Raum oder in Activity-Spielzeug verstecken. Letzteres sind kleine Bälle, in denen man Trockenfutter versteckt, das dann beim Rollen herausfällt.

Die Futtersorten

Jede Katze sollte ihren eigenen Fressnapf haben.

➤ Feuchtfutter: 70–80 Prozent Wasseranteil; enthält meist die für Katzen richtigen Mengenverhältnisse von Eiweiß, Kohlenhydraten und Rohfaser.
➤ Trockenfutter: Nur 15 Prozent Wassergehalt, deshalb lange haltbar;

kann bei empfindlichen Katzen zu Allergien (Seite 51) oder Gastritis (Seite 74) führen.
➤ Selbst gekochtes Futter: 60–70 Prozent tierisches Protein, wie Fisch oder Fleisch, der Rest kann aus 20–30 Prozent Kohlenhydraten (Reis oder Getreide) und 10–20 Prozent Gemüse bestehen.

Fütterungsregeln

➤ Mehrmals pro Tag füttern.
➤ Das Futter immer frisch und mit Zimmertemperatur servieren.
➤ Kein Dosenfutter für Hunde reichen – zu geringer Proteinanteil.
➤ Immer frisches Wasser zur Verfügung stellen, auch wenn die Katze nur wenig trinkt.
➤ Milch wird von den meisten erwachsenen Katzen nur mit Wasser verdünnt vertragen, weil ihnen nach dem Welpenalter die Enzyme zur Milchverdauung fehlen. Milch nicht als Wasserersatz anbieten.

Fütterzeiten für jedes Alter

➤ Junge Katze bis 6 Monate: 4- bis 6-mal pro Tag;
➤ Erwachsene Katze: 3- bis 4-mal pro Tag;
➤ Alte Katze: 3- bis 4-mal pro Tag;
➤ Trächtige oder säugende Katze: 3- bis 4-mal pro Tag besonders hochwertiges Futter.

Spiel und Bewegung

Um eine Wohnungskatze zufrieden zu stellen, sollte man ihr ein möglichst abwechslungsreiches Zuhause bieten.

➤ Mit Kletterlandschaften (Literatur Seite 94) kann man die natürliche Umgebung nachahmen.

➤ Spielen ist für eine Wohnungskatze die einzige Möglichkeit, sich körperlich zu betätigen und fit zu bleiben.

➤ Es ist sinnvoll, das Jagdverhalten, das in jeder Katze steckt, mit Spielen zu aktivieren.

Katzen jagen nicht nur aus Hunger, auch in einer wohl genährten Wohnungskatze bleibt dieser Trieb erhalten. Jeder Katzenbesitzer sollte anerkennen, dass seine Katze ein Jäger ist. Es gilt also, auch die Wohnungskatze diese Verhaltensweisen spielerisch ausleben zu lassen.

Bieten Sie ihr als Spielzeug kleine Objekte, die sich leicht und am besten

Mit Hilfe von Katzengras können die Katzen verschluckte Haare leichter erbrechen.

Tipp

Nach Feng Shui suchen Katzen instinktiv Plätze auf, an denen sich Strahlungen von der Erde oder von Wasseradern konzentrieren. Lassen Sie deshalb Ihre Katze ihren Schlaf- und Ruheplatz selbst auswählen.

noch unberechenbar bewegen lassen und ein hochfrequentes Geräusch machen (Zoofachhandel). Dadurch kann die Katze Jagdverhaltensweisen wie Anschleichen, Fixieren, Anspringen und Fangen ausführen. Junge Katzen lernen diese Abfolgen im Spiel fürs spätere Leben. Anregungen zu Spielen und Spiellandschaften finden Sie in der entsprechenden Literatur (Seite 94).

Die Spielzeit von reinen Wohnungskatzen sollte idealerweise der Zeit entsprechen, die eine Katze mit Auslauf sonst draußen zum Jagen aufwenden würde – meist einige Stunden. Zwischen den Spielen muss es natürlich auch Ruhezeiten geben. Katzen schlafen pro Tag zwölf bis 18 Stunden. Dazu bevorzugen sie erhöhte, warme Plätze, die sie für sich beanspruchen können. Katzen wechseln ihre Schlafplätze regelmäßig – ein Erbe ihrer wilden Vorfahren, um Parasiten los zu werden – und halten sich daher auch nicht an einen einzigen zugewiesenen Platz.

Der Tierarztbesuch

Eine Katze, die neu im Haushalt ist, sollte zunächst einem Tierarzt zur Generaluntersuchung vorgeführt werden. Dabei wird er meist auf Parasitenbefall und Infektionskrankheiten achten und Fragen zur Fütterung und Katzenhaltung klären.
Bevor Sie zum Tierarzt gehen:
➤ Notieren Sie alles, was Ihnen an der Katze aufgefallen ist.
➤ Messen Sie Fieber bei der Katze (Seite 13).
➤ Sammeln Sie eine Kotprobe.

Innenparasiten

Mit Innenparasiten, wie Spul- und Bandwürmern, stecken sich die Katzen an anderen Tieren an, oder sie nehmen Larven übers Futter (Mäuse) auf. Daher sollte eine Katze, bei der dies zutrifft, regelmäßig entwurmt oder zumindest ihr Kot auf Würmer untersucht werden. Dazu eignen sich konventionelle Entwurmungsmittel (vom Tierarzt) oder naturheilkundliche Mittel (Seite 79).

Entwurmungsplan

➤ Katzenwelpen mit 14 Tagen erstmalig behandeln und dann im Abstand von 1–2 Wochen bis zum Alter von 3 Monaten, danach alle 3–4 Monate entwurmen.

➤ Trächtige Zuchtkatzen 2 Wochen vor der Geburt und danach alle 2 Wochen bis zum Absetzen der Jungen.
➤ Bei Wurmbefall sofortige Behandlung und eine Wiederholung 3 Wochen später.

Außenparasiten

Dazu zählen Flöhe, Zecken und Milben. Die Behandlung ist sinnvoll bei Befall und vorbeugend zur entsprechenden Jahreszeit (Frühling bis Herbst), wenn die Katze Kontakt zu anderen Katzen hat. Inzwischen gibt es so genannte Spot-on-Präparate gegen Flöhe, die auf die Haut getropft werden und spezifisch in den Stoffwechsel des Flohs eingreifen und ihn abtöten. Die betroffenen Katzen nehmen das Mittel nicht auf. Mit naturheilkundlichen Methoden wird eher ein Wiederbefall verhindert, als dass die Parasiten abgetötet werden.

Die Normaltemperatur einer erwachsenen Katze liegt zwischen 38 und 39,2° C.

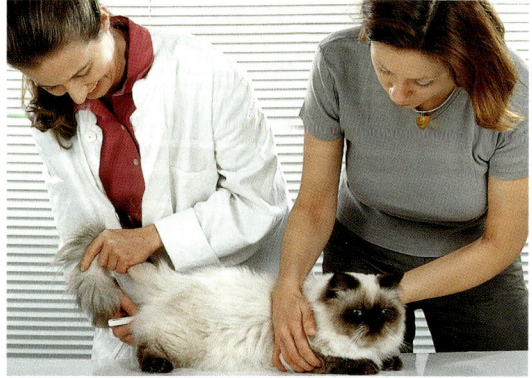

16

Seit einiger Zeit gibt es beim Tierarzt auch für junge Katzen Spot-on-Präparate, die bei Wurm- und Flohbefall aufs Fell aufgetragen werden.
Zecken entfernt man am besten mit der Pinzette oder Zeckenzange aus dem Fell. Die meisten Antizeckenhalsbänder geben chemische Verbindungen ab, die Sie auch beim Streicheln über die Hände aufnehmen.
Bei Milben im Ohr sind sowohl konventionelle Präparate als auch naturheilkundliche Mittel Erfolg versprechend (Seite 66).

Die Impfung

Damit kann Infektionskrankheiten wirksam vorgebeugt werden. Obwohl ich in meiner Praxis naturheilkundlich arbeite, rate ich Ihnen zum Impfen bei Krankheiten, die tödlich verlaufen oder dauerhafte Schädigungen verursachen.
Bei einer Impfung werden der Katze abgeschwächte, nicht mehr infektiöse oder abgetötete Erreger gespritzt, damit der Organismus Abwehrzellen bilden kann. Ein bis zwei Wochen nach der Impfung ist der Impfschutz vollständig ausgebildet.
Gegen die Infektionskrankheiten kann man die Katze auch durch die so genannte homöopathische Impfung schützen (Seite 21).
Mit naturheilkundlichen Maßnahmen kann man vor und nach der

Naturheilkundliche Erste Hilfe

➤ **Bei Unfall, Schock oder Verletzungen:** Sofort 4 Tropfen der Notfalltropfen (Bach-Blüten) entweder direkt ins Maul oder in wenig Wasser mittels einer Spritze ins Maul geben.
Danach homöopathisch passende Akutmittel, wie Arnica C30 (Trauma) oder Apis C30 (Schwellungen).
➤ **Bei Verstauchungen, Brüchen, Blutergüssen:** Chinesische Kräutermittel wie TiehTah.
➤ **Bei starkem Durchfall:** Curing Pills.

Impfung das Immunsystem der Katze unterstützen und gewisse Impfreaktionen homöopathisch behandeln.

Impfschema

Die meisten Krankheiten bedürfen einer Grundimmunisierung (zweimalige Impfung im Abstand von 4 Wochen) und einer jährlichen Wiederholungs- bzw. Auffrischimpfung.
➤ Katzenschnupfen und Katzenseuche in der 8./9. und 12. Lebenswoche;
➤ Tollwut bei freilaufenden Katzen in der 12. Lebenswoche;
➤ Leukose und FIP in der 16. und 20. Lebenswoche, Leukose eventuell auch früher.
Um einen guten Impfschutz auszubilden, sollte die Katze zum Impfzeitpunkt parasitenfrei (d. h. entwurmt und entfloht) sein.

Sanfte Krankenpflege

Die Behandlung durch den Therapeuten

Zur naturheilkundlichen Behandlung bedarf es eines umfangreichen Wissens um die Wirkungsweise der Therapiemethoden. Diese eignen sich Tierärzte im Lauf einer mindestens vierjährigen Fortbildung an.

Homöopathie

Dieses von Samuel Hahnemann begründete Therapieprinzip verwendet geringste Mengen von Mineralien, tierischen und pflanzlichen Substanzen. Diese werden mit Wasser verdünnt und Hunderte Male verschüttelt. Dabei gehen Moleküle in die Lösung über, die die Energien des Patienten umorientieren und seine Selbstheilungskräfte anregen.

Das Heilungsprinzip der Homöopathie, das so genannte Ähnlichkeitsprinzip, heißt: Gleiches mit Gleichem heilen. Das bedeutet, dass man bei einer Krankheit in geringster Dosierung die Substanz gibt, die in höher Dosierung diese Krankheit auslösen würde.

Hahnemann und nach ihm viele Homöopathen prüften die jeweiligen Mittel an gesunden Menschen, die die Arznei im unverdünnten Zustand bekamen. Danach wurden alle Symptome beschrieben und als so genanntes Arzneimittelbild aufgestellt. Bei der Mittelfindung vergleichen die Homöopathen die körperlichen und geistigen Symptome des Patienten mit den in den Arzneimittelbildern beschriebenen Symptomen und wählen dasjenige Mittel mit den ähnlichsten Symptomen zur Heilung aus.

Dosierung der Homöopathika

Je höher die Verdünnung (d. h. die Potenz) des gewählten Mittels, desto wirksamer ist es. Die Darreichung erfolgt bei der Katze meist in Form von Tropfen, Tabletten oder Globuli. Eine Gabe entspricht 5 Tropfen, 1/2 Tablette oder 3 Globuli.

➤ Niedrige Potenzen (D3–D12) bei akuten organischen Störungen, alle 15–30 Minuten 1 Gabe;

➤ Potenzen über D12 bei chronischen organischen Störungen, oft genügen 1–2 Gaben pro Woche;

Tieren werden meist Homöopathika für spezielle körperliche Symptome oder akute Situationen verordnet.

➤ Bei psychischen Beschwerden nimmt man Hochpotenzen über D30. Hier reicht einmalig bzw. einmal monatlich eine Gabe.

Nosodentherapie

Sie wird gerade in der Tiermedizin erfolgreich eingesetzt. Auf ihr beruht die so genannte homöopathische Impfung. Zur Herstellung der Nosoden werden Krankheitserreger aus Pusteln, Eiterblasen und anderen Krankheitsstoffen gewonnen, homöopathisch verdünnt und verschüttelt und dem kranken Tier gegeben.

Bach-Blüten

Bach-Blüten sind Essenzen von Pflanzen, die in Resonanz stehen mit gewissen Gemütslagen. Sie wirken auf der feinstofflichen Ebene, d. h. im emotionalen und mentalen Energiefeld von Mensch oder Tier. Die Energie der wild wachsenden Pflanzen in den Essenzen veranlasst die Lebensenergie wieder frei zu fließen, wodurch der Körper in die Lage versetzt wird, sich selbst zu heilen.
Die Blüten sind nach dem Arzt und Homöopathen Dr. Edward Bach benannt. Er war der Auffassung, dass eine Heilung nur durch eine ganzheitliche Betrachtungsweise möglich ist, d. h. wenn die seelischen Ursachen, die zur Krankheit führten, genauso

Checkliste

Bach-Blütenmischungen für Katzen

➤ **Bei Angstzuständen:** Aspen, Gentian, Mimulus und Notfalltropfen
➤ **Bei Trauer:** Cerato, Honeysuckle, Star of Bethlehem und Walnut
➤ **Bei Aggressivität:** Beech, Holly, Water Violet, Notfalltropfen
➤ **Bei Unfällen:** Notfalltropfen.
Herstellung der Mischungen: 1 Tropfen von jeder Blütenessenz (aus den Vorratsfläschchen, Stockbottles) auf 10 ml Quellwasser geben (evtl. mit 1 Tropfen Weinbrand konservieren). Geben Sie der Katze 4-mal täglich 4 Tropfen der Mischung entweder in Milch oder Sahne, ins Futter, direkt ins Maul oder aufs Fell zum selbst Abschlecken.

behandelt werden wie die körperlichen Symptome. Sonst kommt es wieder zur Krankheit, eventuell nur mit anderen Symptomen.
Laut Bach gibt es sieben Gemütszustände, die krank machen: Angst, Unsicherheit, Lebensunlust und -überdruss, Überempfindlichkeit gegenüber Einflüssen und Ideen, Kummer, Verzweiflung, übertriebene Fürsorge für andere. Die Blütenessenzen teilte er in diese Kategorien ein. Es gibt insgesamt 39 Bach-Blüten, bis auf Rescue (Notfalltropfen, eine Mischung

aus fünf Blüten) und Rock Water stammen alle von Blüten.

Anwendung der Bach-Blüten:

➤ in akuten Situationen zum Beheben oder Mildern;

➤ längere Zeit, um unerwünschte Eigenschaften zu korrigieren;

➤ parallel zur medizinischen Behandlung, um schneller gesund zu werden.

Die Wirkung setzt umso schneller ein, je akuter der Zustand ist. Entscheidend dafür ist nicht die Dosis, sondern die regelmäßige Einnahme.

Akupunktur

Mit Akupunktur, also dem Stich mit der Nadel, werden bestimmte Punkte am Körper stimuliert, die die Fähigkeit haben, biochemische und physiologische Zustände zu verändern, das Energiegleichgewicht und infolge auch die Gesundheit wird wieder hergestellt, indem der Energiefluss reguliert wird. Dadurch wird dem Körper geholfen, sich selbst zu heilen. Akupunktur schließt die Lücke zwischen Medizin und Chirurgie. In der westlichen Welt wird sie hauptsächlich eingesetzt, wenn schulmedizinische Behandlungen nicht helfen, nicht angebracht sind (wegen der Nebenwirkungen) oder Chirurgie nicht möglich ist. In China, wo sie seit 4000 Jahren angewandt wird, ist sie oft die erste Behandlung, bevor man zu west-

lichen Behandlungsweisen und zur Chirurgie greift.

Die Wirkungsweise

Beim Akupunktieren können alle wichtigen physiologischen Systeme im Körper beeinflusst werden. Die Akupunktur wirkt vor allem auf das Nervensystem, was wiederum das Muskel-Skelett-System, das Kreislauf- und hormonelle System beeinflusst. Akupunktur kann mehr als nur Schmerzen beseitigen. Unter anderem fördert sie die Durchblutung, führt zur Freisetzung von Nervenüberträgerstoffen (Neurotransmittern) und Nervenhormonen (Neurohormonen), lindert Muskelverspannungen und regt Nerven und Immunsystem an. In der Kleintierpraxis kommt sie oft zum Einsatz bei Muskel- oder Skelettproblemen, wie Arthritis, Schmerzhaftigkeit nach Verletzungen, Haut-

Bei Akupunktur ist eine positive Reaktion meist innerhalb von 4 bis 6 Behandlungen feststellbar – bei akuten Zuständen auch schon früher.

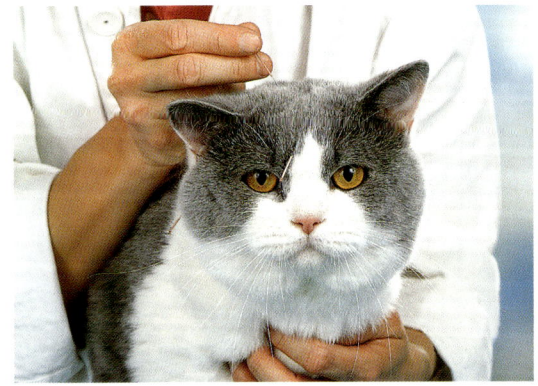

problemen, Nervenproblemen wie traumatischen Nervenverletzungen und manchen Lähmungen, Atembeschwerden wie felinem Asthma und bei manchen internistischen Problemen wie chronischem Durchfall, Gastritis oder akuter Blasenentzündung.

Die Behandlung

Zur Akupunktur verwendet man dünne sterilisierte Edelstahlnadeln, die in der Ausführung der Größe des Tieres und der gestochenen Körperpartie angepasst sind. Gelegentlich gibt es eine empfindliche Reaktion beim Durchstechen der Haut. Wenn die Nadel aber liegt, entspannen sich die meisten Tiere. Behandlungen dauern von 10 Sekunden bis zu 15 Minuten, abhängig vom behandelten Zustand und der verwendeten Methode (Ganzkörper- oder Ohrakupunktur). Es gibt mehrere Möglichkeiten, Akupunkturpunkte zu stimulieren:
➤ mit Nadeln;
➤ mit Nadeln und Wärme (entspricht der Moxibustion);
➤ durch Aquapunktur: Stimulation der Punkte durch Injektion von bestimmten Lösungen oder Wirkstoffen; wird gern bei Tieren verwendet, die nicht lange still halten können, um einen länger anhaltenden Effekt zu erreichen;
➤ mit Handlaser: Stimulation der Punkte mit Laserenergie;

➤ Elektroakupunktur: Stimulation mit schwachem Strom durch die Nadel; wird oft bei Nervenschädigungen und Lähmungen eingesetzt.
Die Katzen werden je nach Krankheit 1- bis 3-mal pro Woche über 4 bis 6 Wochen behandelt.

Chirotherapie

Diese Therapieform arbeitet mit manuellen Techniken, wobei blockierte Gelenke durch gezielte Manipulationen und Mobilisationen gelöst werden. Mit ihrer Hilfe werden eingeklemmte Zwischenwirbel- oder andere Gelenke eingerichtet, Verwachsungen gelöst und Muskeln entspannt. Osteopathie ist eine ähnliche Behandlungstechnik, geht jedoch auf eine andere Schule zurück.
Mit Chirotherapie und Osteopathie lassen sich verunfallte oder operierte Katzen therapieren. Nur geübte, speziell für Tiere ausgebildete Therapeuten sollten diese Behandlungsweisen anwenden.

Magnetfeldtherapie

Hierbei werden magnetische Felder in die Therapie einbezogen. Die Magnetwellen nehmen Einfluss auf die Ionen im Organismus, speziell die Ionen in jeder einzelnen Zelle. Es wird unterschieden zwischen pulsierender und statischer Grundform. Während

bei Letzterer der Magnet in einen Verband eingenäht permanent über der betroffenen Stelle getragen wird, induziert man bei der pulsierenden Methode mittels einer Apparatur einen elektromagnetischen Wechselstrom auf den Patienten.

Mit Hilfe der Magnetfelder kommt es zur Muskelentspannung und Normalisierung des Blutflusses und infolgedessen zur Linderung von Entzündungen. Weitere Anwendungsbereiche sind Schmerzbekämpfung im Stützapparat sowie Unterstützung der Wund- und Knochenheilung.

Tierkinesiologie

Bei der Tierkinesiologie werden unterschiedliche Testverfahren angewandt, die alle auf verschiedene Art die energetische Abstrahlung eines Biosystems messen können. Zu diesen Testverfahren gehören beim Tier der Muskeltest (Touch-for-Health und Three-in-One-Konzept) mit Vermittler, die Tierradiästhesie mit Rute oder Pendel, bioenergetische Testverfahren mit der Hand sowie RAC-Pulstest und Biofeldtestung.

Die meisten Testsysteme stellen ein binäres System dar, d. h. es kann nur zwei Anworten geben, wie ja/nein oder verträglich/unverträglich. Es werden dabei das Tier und sein Mensch getestet, entweder direkt an Mensch und Tier oder indirekt an-

hand von Körpersubstanzen (wie Blut, Speichel, Haaren, Federn). Lassen Sie Ihre Katze nur von einem erfahrenen, in Tierkinesiologie ausgebildeten Tiertherapeuten behandeln (eine Liste dieser Tierärzte bekommen Sie bei der GGTM, Seite 94).

Reiki

Durch dieses Behandlungsverfahren soll die universelle Lebensenergie – Reiki – aktiviert, verstärkt und übertragen werden, um Krankheiten vorzubeugen, zu behandeln und das Wohlbefinden zu stärken. Mit Reiki werden Schmerzzustände behandelt und die Selbstheilungskräfte aktiviert, zudem dient es zum Stressabbau. Zur Technik gehören die Einstimmung und das Handauflegen auf bestimmten Stellen des Körpers, den so genannten Chakren. Tiere sprechen gut auf diese Therapieform an.

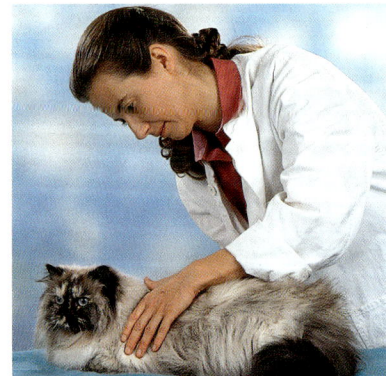

Mit Reiki werden Selbstheilungskräfte bei der Katze aktiviert. Wenn es ihnen reicht, entziehen sich die Tiere dem Therapeuten.

Die Behandlung durch den Halter

Es gibt zahlreiche Behandlungsmöglichkeiten aus der Naturheilkunde, die jeder Halter ohne Vorkenntnisse ausführen kann.

Das Katzenzubehör

Trotz bester Pflege und Ernährung kann die Katze einmal krank werden. Richten Sie ihr einen gepolsterten Platz an einem warmen Ort zusätzlich zu ihrem Körbchen her, am besten mit einer waschbaren Unterlage, wie Handtuch oder Baumwolltuch.
Für Krankheitsfälle sollten Sie gerüstet sein, sowohl was Medikamente und Zustand der Hausapotheke anbelangt, als auch Ihre Kenntnis der grundlegenden Handgriffe.
Zur Grundausrüstung gehören:
➤ eine Transportbox;
➤ ein Wasserkocher für pflanzenheilkundliche Anwendungen;
➤ eine Aromalampe;
➤ eräuter für die Tees und Diäten;
➤ zur Licht- und Farbtherapie eine Steh- oder Hängelampe sowie ein Set Glühbirnen der Farben Gelb, Gold, Orange, Rot, Grün, Türkis, Blau und Indigo;
➤ Farbfolien zum Bekleben der Fenster oder hitzebeständige Farbfolien vor Glühbirnen.

Checkliste

Die Tierapotheke

➤ Rescue-Tropfen und -Salbe (Bach-Blüten)
➤ Homöopathika, wie Arnica, Nux vomica, Apis, Ledum, Phosphor, Cantharis (alle C30)
➤ Traumeel- oder Arnikasalbe
➤ Sterile Kompressen, Mullbinden, Verbandswatte, elastische Binden, Klebeband
➤ Schere und Pinzette
➤ Einmalspritzen, Einmalhandschuh
➤ Fieberthermometer
➤ Aktivkohlepulver und Curing Pills gegen Durchfall
➤ TiehTah-Tabletten für Verstauchungen, Verrenkungen
➤ Getrocknete Kräuter und Pulver, wie Echinacea, Kamille (Teebeutel), Cayennepfeffer, Wegerichblätter, Schafgarbe
➤ Yunnan Payao für kleine Blutungen
➤ Tinkturen von Arnika, Calendula und Echinacea
➤ 15-prozentiges Teebaumöl
➤ 3-prozentige Wasserstoffperoxidlösung zur Wundreinigung
➤ Telefonnummer des behandelnden Tierarztes und der nächstgelegenen Tierklinik

Verbände anlegen

Die Wunde wie bei Verletzungen (Seite 63) beschrieben reinigen, trocknen lassen und mit Salbe und Gaze abdecken. Mit Watte umwickeln und den Verband mit einer elastischen Binde abschließen.

Bei Verletzungen am Ballen Wattestreifen zwischen die Zehen legen, damit sich im geschlossenen Verband keine feuchten Scheuerstellen bilden.

Kompressen und Umschläge

Sie helfen bei Wunden, Prellungen und Zerrungen.

Einen Waschhandschuh oder ein kleines Handtuch in warmes Wasser mit Zusätzen wie Kräutertee oder Tinktur tauchen, ausdrücken und auflegen. Mit einem größeren Handtuch abdecken und mit einer elastischen Binde fixieren. Die Katze sollte sich eine halbe Stunde nicht bewegen und nach dem Abnehmen der Kompresse liegen bleiben.

Wickel anlegen

Je nach Indikation können warme oder kalte Wickel gemacht werden. **Achtung:** Warme Wickel nie einem fiebernden Patienten, umgekehrt kalte Wickel nie einem frierenden oder unterkühlten Tier anlegen.

➤ Ein Baumwoll- oder Leinentuch in Wasser mit den gewünschten Zusätzen (siehe Seite 27) tauchen, ausdrücken und auflegen.

➤ Oder das Tuch im mittleren Drittel mit der entsprechenden Masse messerrückendick bestreichen, dann die beiden äußeren Drittel darüber schlagen und mit der einfachen Tuchlage straff und ohne Falten auflegen.

➤ Für einen warmen Wickel kann man auch ein Leinensäckchen mit den entsprechenden Bestandteilen füllen, über heißem Wasserdampf eine Stunde erhitzen und auflegen. Dann den Wickel mit einem trockenen Tuch aus Baumwolle und zum Abschluss mit einem Flanell- oder Wolltuch umwickeln und mit Pflaster oder einer selbstklebenden elastischen Binde fixieren.

Kalte Wickel

Sie helfen bei Fieber, Prellungen, Stichen oder entzündeten Gelenken. Sie sollten nach 10 Minuten gewechselt werden, da sie sich erwärmen und der Stelle keine Wärme mehr entziehen. Die Temperatur der Wickelflüssigkeit sollte 15–20° C betragen.

Ein kalter Quarkwickel lindert Entzündungen.

Zusätze für kalte Wickel:

➤ Stiche: Apfelessig und Wasser im Verhältnis 1:1;

➤ entzündete Haut und Gelenke: 3 EL Heilerde oder Ton mit etwas Wasser verrührt;

➤ akute Entzündungen aller Art: kühlschrankkalter Quark;

➤ akute Bronchitis: 4 EL Salz in 1 l Wasser gelöst;

➤ zur Entzündungshemmung bei Hauteiterungen und Gelenkentzündungen: Bockshornkleesamenpulver mit kaltem Wasser verrührt;

➤ Knochen- und Gelenkprobleme, Prellungen und Blutergüsse: frische Beinwellwurzeln gerieben.

Warme Wickel

Sie können Verspannungen, Krämpfe der Bronchien und Bauchorgane lindern oder chronische Prozesse reaktivieren und heilen, zudem den Patienten wärmen. Die Wassertemperatur beträgt 40° C.

Vor dem Auftragen die Temperatur immer erst an sich selbst testen. Ein solcher Wickel sollte möglichst eine Stunde aufgelegt bleiben.

Zusätze für warme Wickel:

➤ Magen-Darm-Erkrankung und zur Abszessreifung (Seite 49): Leinsamensäckchen;

➤ chronische Bronchitis, Verspannungen und Koliken: gekochte, grob zerstampfte Kartoffeln;

➤ Verspannungen, chronische Bronchitis, chronische Gelenkentzündungen, Krämpfe in Magen-, Darm und Blasenbereich: Heublumensäckchen.

Akupressur

Bei dieser Massagetechnik werden die Akupunkturpunkte nicht gestochen, sondern gedrückt. Die Akupressur kann bei den gleichen Indikationen angewandt werden wie die Akupunktur. Zwischen den Akupunkturbehandlungen durchgeführt oder die konventionelle Therapie begleitend, kann der Halter damit zu Hause den Heilungsprozess beschleunigen.

Lage der Punkte

Sie liegen an der Körperoberfläche und stehen mit den inneren Organen in Verbindung. Energetisch und organisch zusammengehörige Punkte sind durch so genannte Meridiane miteinander verbunden. Die meisten Meridiane sind paarig entlang der Körperachse (rechts und links der Wirbelsäule) angeordnet, d. h. man findet einen Punkt sowohl auf der rechten als auch linken Körperseite.

Hinweis: Die Seitenverweise bei der Akupressur (Seite 49–91) beziehen sich immer auf die Abbildungen der jeweiligen Seite.

Zur Benennung der Punkte siehe Seite 96/Nachsatz Seite 1.

Auffinden der Punkte: Suchen Sie auf den Zeichnungen bei den jeweiligen Krankheitsbildern (Seite 49 bis 91) bzw. auf Seite 96/Nachsatz Seite 1 die Punkte. Suchen Sie diese dann am Körper der Katze. Die meisten Punkte liegen in Vertiefungen zwischen Muskeln, Muskeln und Bändern oder Muskeln und Knochen. Sie liegen auch nie auf, sondern immer neben Knochenvorsprüngen.

Sie können sich auch die Lage der gestochenen Punkte bei der Akupunkturbehandlung merken.

Ziel der Akupressur

Nach der Traditionellen Chinesischen Medizin steht Gesundheit für den freien Fluss der Lebensenergie Qi im Körper; diese setzt sich aus Yin und Yang zusammen, die im Gleichgewicht stehen. Bei Krankheit ist Qi blockiert, es besteht kein Gleichgewicht zwischen Yin und Yang. Mit Akupressur kann man das Gleichgewicht im Körper wieder herstellen, indem der Energiefluss entlang der Meridiane reguliert wird, bestimmte Organe angeregt oder gestärkt werden oder Schmerz gelöst wird.

Nach der chinesischen Lehre gehören im Körper alle sich ausdehnenden, kräftigen, schnellen und aktiven Kräfte wie auch die Oberseite des tierischen Körpers zu Yang, alle nährenden, befeuchtenden, passiven und

Checkliste

Akupressurtechnik

➤ Der Halter sollte ruhig und entspannt sein und warme Hände haben.

➤ Stimulieren des Punktes durch Druck mit der Spitze des ausgestreckten Zeigefingers oder Daumens.

➤ Der Erfolg soll eher vom gleichmäßigen Druck als von der Intensität beeinflusst werden. Man fängt leicht und langsam an und geht konstant tiefer.

➤ An einem Widerstand angelangt, hört man mit dem Druck auf und hält den Punkt 5 Sekunden lang.

➤ Sind Sie unsicher, was der richtige Druck ist, sollten Sie auf Ihre Katze achten. Sie zeigt durch Abwehrreaktionen oder Kratzen, wann es ihr unangenehm wird.

➤ In akuten Fällen drückt man die entsprechenden Punkte bis zu 3-mal täglich, in chronischen Fällen 4- bis 6-mal, um die Regulation im Körper öfter anzuregen.

beruhigenden Kräfte wie auch die Unterseite des Tieres zu Yin.

Anwendungsbeispiele

Akupressur kann auch vorbeugend eingesetzt werden. Überprüfen Sie bei der gesunden Katze regelmäßig so genannte diagnostische Punkte (Assoziationspunkte und Alarmpunkte) auf

Schmerzhaftigkeit. Dies kann auf eine Störung des betroffenen Organs bzw. Funktionskreises hinweisen. Ein beginnendes Ungleichgewicht lässt sich durch Behandlung ausgleichen, so dass es manchmal gar nicht zu einer Störung kommen muss.

➤ **Assoziationspunkte:** Bl13 bis Bl28 (Abbildung Seite 96/Nachsatz Seite 1). Sie liegen auf dem Blasenmeridian auf dem Rücken der Katze rechts und links der Wirbelsäule und sind mit einem Organsystem assoziiert: Bl13 – Lunge, Bl15 – Herz, Bl18 – Leber, Bl19 – Gallenblase, Bl20 – Milz/Pankreas, Bl21 – Magen, Bl23 – Niere, Bl25 – Dickdarm, Bl27 – Dünndarm, Bl28 – Blase.

➤ **Alarmpunkte:** Sie liegen auf verschiedenen Meridianen auf der Seite und dem Bauch.

➤ **»Langlebigkeitspunkte«** oder Wohlfühlpunkte: Di4, Ma36, KG6, LG4 und Dü3 (Abbildung Seite 96/Nachsatz Seite 1), mindestens einmal täglich akupressieren;

➤ **Beruhigungspunkte:** GB20 und LG20 sowie KG3 (Abbildung Seite 96/Nachsatz Seite 1). Viele Tierärzte drücken die beiden zuerst genannten Punkte bei Routineuntersuchungen unbewusst und erreichen damit das Stillhalten der Katze.

➤ **Schmerzlinderungspunkt** – so genannter »Aspirinpunkt«: Bl60; die Schmerz reduzierende Wirkung kann bis zu 2o Minuten später eintreten.

Halten Sie den Punkt Ma 10 gedrückt, um Schleim zu lösen.

Die Massage des Punktes Bl 21 am Rücken hilft bei Gastritis.

Durch Drücken des Punktes KG 3 erzielen Sie Entspannung bei der Katze.

Pflanzenheilkunde

Darunter versteht man die Anwendung von Pflanzen und deren Zubereitung zu medizinischen Heilzwecken. Sie gehört wohl zu den ältesten und verbreitetsten Therapien der Menschheit. Die meisten Natur- und Kulturvölker haben ihr Wissen um die Heilwirkung der Pflanzen ihrer näheren Umgebung immer weiter gegeben. In unserem Kulturkreis wurde das Wissen über bestimmte Pflanzen und deren Anwendungen aus der Antike (Griechen und Römer), dem Mittelalter (Wissen aus den Klöstern) und später aus dem 15. bis 17. Jahrhundert schriftlich überliefert.

In China gibt es Bücher mit Angaben über 2000 Jahre alte Rezepturen, die heute noch verwendet werden. Der Pflanzeneinsatz zur Heilung dort orientiert sich am System der Traditionellen Chinesischen Medizin und ist auch ein wesentlicher Bestandteil davon. Anderes fundiertes Wissen um Pflanzen und deren Heilanwendungen mancher Naturvölker, wie der nordamerikanischen Indianer, ist erst im 20. Jahrhundert niedergeschrieben und vorher mündlich im Rahmen einer Ausbildung innerhalb der Stämme weitergegeben worden. So haben wir heute die wunderbare Möglichkeit, dieses Wissen nicht nur zu erfahren, sondern mit unserem kombinieren zu können.

Wichtige Inhaltsstoffe

Jede Heilpflanze enthält Stoffe, die auf den menschlichen und tierischen Organismus wirken. Diese können in der Pflanze unterschiedlich verteilt sein – in Blüten, Blättern, Rinde, Stängel oder Wurzeln –, so dass man für die Herstellung einer Arznei unterschiedliche Teile ein und derselben Pflanze verwendet.

Meist enthält eine Pflanze mehrere Wirkstoffe, und es lassen sich ein Hauptwirkstoff und mehrere Nebenwirkstoffe isolieren. Der Gehalt dieser Bestandteile schwankt je nach Standort (unterschiedliche Bodenbeschaffenheit) und Erntezeit (Tageszeit und Mondphase) der Pflanze.

Zu den Inhaltsstoffen zählen Alkaloide, Glykoside, ätherische Öle, Enzyme, Vitamine, Mineralien und Spurenelemente, Saponine, Schleim-, Gerb-, Scharf- und Bitterstoffe. Zusätzlich gibt es Ballaststoffe, d. h. Raufaseranteile der Pflanze, die der

Tipp

Achten Sie bei den Herstellern von westlichen und chinesischen Präparaten immer auf die Herkunft, um eine Belastung mit Pestiziden auszuschließen. Fragen Sie Ihren Therapeuten nach Herstellern, deren Präparate als bedenkenlos einzustufen und qualitativ hochwertig sind.

Regulierung der Verdauung dienen. Trotz dieser Bestandteile mit Heilwirkung sind viele pflanzliche Präparate für Mensch und Tier besser verträglich als herkömmliche Medikamente, in denen die Wirkstoffe meist isoliert oder kopiert vorliegen.

Die Anwendung

In der westlichen Kräutermedizin werden hauptsächlich einzelne Pflanzen verwendet und für bestimmte Indikationen einige Kräuter kombiniert. Wichtig ist hier zusätzlich zum Wissen um die Wirkstoffe dieser Pflanzen auch die Anwendungsform, d. h. wie man den wirksamen Bestandteil löst und in den erkrankten Körper bringt.

Heiltees

Heiltees verabreichen Sie im abgekühlten Zustand mittels einer Spritze der Katze direkt ins Maul (Seite 13). Die Tagesdosis beträgt meist 1/2 bis 1 TL. Um gleich die richtige Dosis zu haben, einen Teelöffel Tee mit der Spritze aufziehen.

Aufguss aus zarten Pflanzenteilen, wie Blüten oder Blättern: Dazu 1–2 TL des Heilkrauts mit 1/4 l Wasser überbrühen und 5–10 Minuten ziehen lassen, dann abseihen. Für einen starken Tee (z. B. für Kompressen) die doppelte Menge Heilkräuter nehmen oder die »Ziehzeit« verlängern.

Dekokt aus harten Pflanzenteilen, wie Wurzeln und Rinde: Die Pflanzenteile in einem Topf aufkochen und bis zu 20 Minuten auf kleiner Flamme köcheln lassen. Dann 5 Minuten ziehen lassen und abgießen.

Kaltauszug von Pflanzen mit Schleimstoffen (wie Malve oder Eibisch) oder hohem Gerbstoffgehalt, wie Bärentraubenblättern: Die Pflanzenteile mit kaltem Wasser ansetzen und über Nacht stehen lassen; nach Abgießen der Pflanzenteile kann die Mischung eingesetzt werden.

Heilsalben

In einem Gefäß im Wasserbad 30 g Bienenwachs mit 1/4 l Olivenöl schmelzen. 60 g getrocknete, fein zerkleinerte Kräuter einrühren und zugedeckt an einem warmen Ort (z. B. warme Backröhre) stehen lassen. Nach 3–4 Stunden die Mischung

Die lokale Behandlung mit Heilerde kann durch Gabe von Heiltees unterstützt werden.

durch ein Gazetuch abseihen und
rasch in Schraubgläser füllen und im
Kühlschrank aufbewahren.

Chinesische Kräutermedizin

*Während in der westlichen Pflanzenheilkunde die
Pflanzen nach ihren Wirkstoffen eingeteilt werden,
geschieht dies in der chinesischen Medizin nach
deren Wirkungen im Körper; dazu gehört z. B. die
Fähigkeit, äußere krankmachende Faktoren, wie
Wind oder Hitze, aus dem Körper zu vertreiben
oder das Qi, die Lebensenergie, zu stärken. Die Rezepturen sind fein aufeinander abgestimmte Kräu-
terkombinationen, wobei ein Kraut Wirkungen des
anderen verstärken oder Nebenwirkungen ausgleichen kann.*

*Da die meisten bitter schmecken und als Tee von
Tieren abgelehnt werden, sind die Kräuter zum
leichteren Verabreichen für Tiere in Pulver- oder
Tablettenform oder als gekochter Extrakt flüssig
oder in Pillenform erhältlich. Um den Geschmack
im Futter zu überdecken, sollten Sie der Katze etwas besonders Schmackhaftes zum Fressen geben,
wie Tunfisch, Sardinen oder Shrimps. Gehen Sie
dabei vorsichtig vor, und fangen Sie mit einer nied-
rigen Dosis an, damit sich die Katze an den Geschmack gewöhnen kann. Dann steigern Sie die
Dosis langsam bis zur angegebenen Menge.*

*In schwierigen Fällen oder in akuten Situationen
lassen sich diese Tabletten oder Pillen wie herkömmliche Medikamente direkt ins Maul geben
(Seite 13). Die chinesischen Rezepturen bekommen
Sie nur von einem Therapeuten.*

Kräuterpulver

Pulverisierte Kräuter können Sie
auch direkt ins Futter mischen (meist
1/2 TL). Achten Sie darauf, dass Sie
besonders schmackhaftes Futter reichen, um den Kräutergeschmack zu
überdecken. Sie können das Pulver in
Kapselform der Katze auch direkt ins
Maul geben (Seite 13).

Tinkturen

Auch Tinkturen können Sie selbst ansetzen. Dazu zwei Hände voll (etwa
200 g) frische oder getrocknete Kräuter in einem Gefäß mit 70-prozenti-
gem Alkohol übergießen und die Mischung verschlossen an einem dun-
klen Ort 14 Tage stehen lassen, dabei
diese alle zwei Tage schütteln. Danach
die Mischung durch ein dünnes
Baumwolltuch pressen und in eine
Braunglasflasche zur Aufbewahrung
abfüllen. Gut gelagert, sind Tinkturen
für ein paar Jahre haltbar, länger als
getrocknete Kräuter, die ihre Qualität
ungefähr ein Jahr behalten. Alkoholi-
sche Tinkturen müssen für Katzen
verdünnt werden. Dazu 10 Tropfen
Tinktur mit 2 EL Wasser mischen.
Davon beträgt die Tagesdosis meist
3-mal 1/2 TL – die Dosis geben Sie
am besten mit der Spritze direkt ins
Maul oder träufeln sie über das Futter. Manche Hersteller von Tinkturen
beachten bei der Ernte der Heilpflan-

zen Mondphasen und Tageszeiten (Sonnenstand) und benützen schonende Extraktionsverfahren, um möglichst viel Energie der Pflanzen zu erhalten. Die spagyrisch hergestellten Präparate erbringen schon in geringer Dosis erstaunliche Ergebnisse.

Frischsaft

Grob geschnittene frische Kräuter 10 Minuten in Wasser schwimmen lassen, mit etwas Wasser in den Entsafter geben und den Saft durch ein dünnes Baumwolltuch pressen. Geeignet sind z. B. Spitzwegerich, Löwenzahn, Brunnenkresse oder Brennnessel.

Inhalation

Bereiten Sie einen heißen Tee, und stellen Sie den Topf mit dem Tee zur Katze in einen Transportkorb; diesen

Lässt sich die Katze zum Inhalieren nicht in einen Korb setzen, können Sie den heißen Tee auch in ihrer Nähe aufstellen.

mit einem Tuch abdecken. Beobachten Sie dabei immer die Katze, bei Anzeichen von Unwohlsein müssen Sie sie aus dem Korb heben. Inhalieren mit Kamillenblüten hilft meist bei Katzenschnupfen zur Schleimlösung – abhängig von der Schwere der Verschleimung 1- bis 3-mal täglich bis zu 10 Minuten.

Vorsicht bei der Anwendung

Die Wirkung auf Mensch und Tier, speziell auf die Katze, ist nicht immer gleich, deshalb muss auch an dieser Stelle davor gewarnt werden, einfach den Einsatz der Präparate vom Menschen auf die Katze zu übertragen. Bestimmte pflanzliche Mittel können bei Katzen Allergien, Vergiftungserscheinungen und Magen-Darm-Störungen verursachen. Dies gilt vor allem für ätherische Öle (Seite 35), aber auch für Weiden- und Eichenrinde, da sie Vorstufen der für Katzen unverträglichen Acetylsalicylsäure enthalten. Durch den kompletten Verzicht auf deren Anwendung, durch vorheriges Austesten der Verträglichkeit mit geringsten Mengen von Kräutern im Futter und/oder Befragen eines naturheilkundlich arbeitenden Tierarztes kann man Nebenwirkungen bei der Katze vermeiden. Jede Katze reagiert anders, abhängig von ihrer Konstitution und den bisher angewandten Kräutern.

33

Wichtige Heilpflanzen

Name	Verwendete Teile	Anwendungsform	Heilwirkung/Indikation
Arnika (Arnica montana)	Blüten	Tinktur	Verletzungen
Augentrost (Euphrasia officinalis)	Kraut	Tee	Augenerkrankungen
Bärentraube (Arctostaphylos uva-ursi)	Blätter	Tinktur, Tee	Blasen-, Nierenerkrankungen, entzündungshemmend
Beifuß (Artemisia vulgaris)	Triebspitzen	Tee	Verdauungsfördernd
Brennnessel (Urtica dioica)	Kraut	Tee	Zur Remineralisierung und Entgiftung
Brombeere (Rubus fruticosus)	Blätter	Tinktur, Tee	Zusammenziehend, bei Durchfall
Eibisch, Echter (Althaea officinalis)	Wurzel, Blätter	Tinktur	Schleim lösend, Husten stillend
Erdbeere, Wald- (Fragaria vesca)	Blätter	Tee	Durchfall
Gartenraute (Ruta graveolens)	Kraut	Tee	Krampf lösend, Appetit anregend
Ginseng (Panax ginseng)	Wurzel	Tinktur	Durchblutungsfördernd, Kreislauf stimulierend
Holunder (Sambucus nigra)	Beeren, Blüten	Tinktur, Tee	Abwehr steigernd, Fieber senkend
Hopfen (Humulus lupulus)	Hopfenzapfen	Tinktur	Beruhigend, Krampf lösend
Huflattich (Tussilago farfara)	Blüten, Blätter	Tinktur, Tee	Husten lösend
Himbeere (Rubus idaeus)	Blätter	Tee	Für Milchfluss, Geburt
Ingwer (Zingiber officinale)	Wurzel	Tee	Stärkend, Magenbeschwerden
Kamille (Chamomilla recutita)	Blüten	Tinktur, Tee	Entzündungshemmend, entspannend
Kanadische Gelbwurzel (Hydrastis canadensis)	Wurzel	Tinktur, Tee	Abwehr steigernd
Klette (Arctium lappa)	Wurzel	Extrakt	Stärkend
Knoblauch (Allium sativum)	Knolle	Roh, Pulver	Verdauungsfördernd, mild antibiotisch
Königskerze (Verbascum thapsus)	Blüten, Blätter	Tinktur	Schleim lösend bei Husten
Labkraut (Galium verum)	Kraut	Tinktur	Harn treibend, entgiftend
Lavendel (Lavandula officinalis)	Blüten	Ätherisches Öl	Gegen Flöhe
Löwenzahn (Taraxacum officinale)	Wurzel, Blätter	Tinktur, Extrakt	Zur Remineralisierung
Malve (Malva sylvestris)	Blüten, Blätter	Tee	Entzündungshemmend (Haut, Lunge)
Mariendistel (Carduus marianus)	Samen	Extrakt	Entgiftung, für die Leber
Melisse (Melissae officinalis)	Blätter	Tinktur, Tee	Beruhigend, Krampf lösend
Petersilie (Petroselinum crispum)	Kraut, Wurzel	Tinktur, Tee	Zur Entwurmung, Harn treibend, Krampf lösend
Preiselbeere (Vaccinium vitis-idaea)	Blätter	Extrakt, Tee	Entzündungshemmend (Harnwegsentzündungen)
Quecke (Agropyron repens)	Wurzel	Pulver	Wasser treibend bei Nieren- und Blasenleiden
Rotklee (Trifolium pratense)	Blüten, Blätter	Tinktur, Tee	Schleimhaut-, wundheilend
Salbei (Salvia officinalis)	Blätter	Tinktur, Tee	Antiseptisch, Fieber senkend
Schafgarbe (Achillea millefolium)	Blüten	Tee	Krampf lösend (Magen-Darm-Trakt)
Schöllkraut (Chelidonium majus)	Kraut, Wurzel	Tee	Krampf lösend (Leber, Galle)
Sonnenhut, Roter (Echinacea purpurea)	Kraut, Wurzel	Tinktur	Abwehr steigernd, antibiotisch
Spitzwegerich (Plantago lanceolata)	Blätter	Tinktur, Tee	Wundheilend, Schleim-, Krampf lösend
Veilchen, Duft- (Viola odorata)	Wurzel, Blätter	Tee	Schleim lösend, wundheilend

Aromatherapie

Die Aromatherapie ist ein spezieller Teil der westlichen Pflanzenheilkunde, bei der die sonst flüchtigen Pflanzenbestandteile, die ätherischen Öle, zum Einsatz kommen.

Die Anwendung

Man tropft die ätherischen Öle in eine Aromalampe und lässt sie im selben Raum verdampfen, in dem sich die Katze aufhält.

Die Öle wirken beim Verdampfen auf den feinstofflichen (= emotionalen und mentalen) Körper der Katze und können so helfen, sie zu beruhigen, zu entspannen und Krämpfe zu lösen. Zum Inhalieren kann man auch statt der Blüten einige Tropfen ätherischer Öle von Kamille, Thymian oder Lavendel mit kochendem Wasser aufgießen. Testen Sie jedoch vorher im-

Achten Sie beim Verdampfen ätherischer Öle darauf, dass die Katze in einigem Abstand zur Aromalampe liegt.

Checkliste

Welche Öle helfen bei welchen Krankheiten?

Kamille	Katzenschnupfen
Lavendel	Flöhe, Krämpfe
Rose	Verspannung, Krämpfe, Angst
Ylang-Ylang	Verspannung, Krämpfe, Aggression
Thymian	Katzenschnupfen, Flöhe
Zimt	Durchfall

mer an sich selbst, ob die Konzentration nicht Husten oder Niesen auslöst, denn die Katze reagiert viel empfindlicher als der Mensch. Wichtig ist auch, dass Sie während der Behandlung bei der Katze bleiben.

Ätherische Öle von Rosmarin, Thymian oder Lavendel (einige Tropfen mit 1 EL Olivenöl gemischt) ins Fell an Kopf, Bauch und Schwanzansatz aufgetragen, haben sich als Mittel gegen den Wiederbefall mit Flöhen bewährt (Seite 57).

Vorsicht: Manche ätherischen Öle sollten bei Katzen nicht zur Anwendung kommen, denn Katzen reagieren oft sehr empfindlich; dazu gehören besonders die Nadelbaumöle sowie Baldrianöl, das den Sexualtrieb aktiviert.

Diätetik

Im Leben eines Tieres hat neben der Fortpflanzung und der Sicherheit die Nahrung einen hohen Stellenwert. Eine Katze verbringt in der Wildnis einen Großteil des Tages mit Jagen und Fressen. Erfolgreiches Jagen ist selbstbelohnend und befriedigt das Tier. Prinzipiell ist die Katze ein Fleischfresser, d. h. sie muss tierisches Protein aufnehmen, um ihren Organismus mit notwendigen Stoffen, wie Taurin oder Arachidonsäure, zu versorgen; beide Stoffe kann die Katze nicht selbst im Körper herstellen (eine Maus enthält etwa 10-mal so viel Taurin wie ein vergleichbares Stück Rindfleisch). In der täglichen Futterration der Katze sollten deshalb 60 bis 70 Prozent Protein tierischen Ursprungs enthalten sein.

Bei einem kranken Tier sollte man auf jeden Fall das Futter umstellen. Die Diät muss sehr hochwertig sein, damit die Katze genügend Kraft für die Heilung schöpfen kann, außerdem leicht verdaulich und in der Zusammensetzung dem derzeitigen Zustand angepasst. Das bedeutet beispielsweise bei Zahnfleischentzündung kein Trockenfutter zu reichen, das hart zu beißen ist.

Diät bei Allergien: Um das Allergie auslösende Nahrungsmittel zu ermitteln, führen Sie eine Ausschluss- beziehungsweise Eliminationsdiät durch. Zuerst überlegt man, welche Futtermittel oder Futterzusätze als Allergene (Stoffe, die eine Allergie auslösen) in Betracht kommen könnten. Die häufigsten Futterallergene der Katze sind Rind-, Schweine- und Putenfleisch, Tunfisch, Milch und Hefe. Diese Diät wird ausschließlich mit Reisschleim (in 4 Teilen Wasser 1 Teil Reis sehr weich kochen) über 3 Tage eingeleitet. Danach werden jeweils über 1 bis 2 Wochen nur die Komponenten verfüttert, die Ihrer Meinung nach die Allergie auslösten. Beobachten Sie die Reaktionen an Ihrer Katze. Haben Sie auf diese Weise das Allergen herausgefunden, sollten Sie es in Zukunft meiden.

Diät der älteren Katze: Der Anteil an Fleisch oder Fisch sollte auf 30 bis 40 Prozent reduziert und mit 60 Prozent Getreide und Zusätzen ergänzt werden. Weniger Protein ist im Alter gut, um Nieren und Leber zu entlasten.

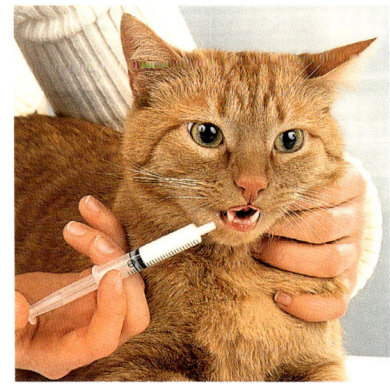

Flüssige Medikamente oder spezielle Diäten bei Durchfall können Sie der Katze mittels Einwegspritze ohne Nadel eingeben.

36

Hat Ihre Katze mit diesen Organen Probleme, sollten Sie ihr eine spezielle Diät vom Tierarzt geben oder nach Anleitung kochen (Seite 40). Zudem sollte die Katze 2-mal wöchentlich frische Innereien bekommen.

Besonders wichtig ist im Alter die Versorgung mit Vitaminen. Der Bedarf an Vitamin E (1 TL Weizenkeimöl täglich) und Vitamin B ist höher, an Vitamin C (500 mg) niedriger als zuvor. Selen und Zink (5 mg) unterstützen das Immunsystem. Einmal wöchentlich Vitamin A und D anbieten (siehe rechts).

Wichtig: Geben Sie einer älteren Katze auf jeden Fall Verdauungsenzyme (Papayaextrakt) zur Unterstützung der Futterverwertung im Magen-Darm-Trakt, Algenpulver zur Mineralstoffversorgung sowie Knoblauch und Aloe-vera-Saft mit Chlorophyll.

Durchfalldiät: Bei Durchfall sollte die Katze (nur erwachsene, geimpfte Tiere) zunächst einen Tag fasten, um dem entzündeten Darm eine Ruhepause und dem Körper eine Chance zur Entgiftung zu geben. Dann beginnen Sie mit kleinen Portionen flüssiger Nahrung, die mit der Zeit immer dicker wird, bis Sie wieder feste Schonkost und später das normale Futter geben können. Für die Zusammensetzung der Diät, siehe Seite 73. Da Magnesium, Vitamin-C-Zusätze sowie Milch Durchfall verursachen können, diese Stoffe weglassen.

Checkliste

Fütterungszusätze

➤ **Vitamin A:** 10.000 IE* (entspricht 3 mg Retinol) einmal wöchentlich (oder 1/2 TL Lebertran)

➤ **Vitamin-B-Komplex:** 1 mg täglich (oder 1/2 TL Hefeflocken ins Futter)

➤ **Vitamin C** zur Abwehrsteigerung: 250 mg täglich

➤ **Vitamin D:** 400 IE* (entspricht 10 µg Calciferol) einmal wöchentlich

➤ **Vitamin E:** 50 IE* (entspricht 50 mg Alpha-Tocopherol) täglich (entspricht 1 TL Weizenkeimöl) oder 100 IE* jeden 2. Tag

➤ **Zink** für die Immunabwehr und Gewebereparatur: 5 mg täglich

➤ **Omega-3-Fettsäuren:** 1/4 der Humandosis der Fischölkapseln

➤ **Papayaextrakt** zur Unterstützung der Futterverwertung: 1/4 TL pro Futtergabe

➤ **Acidophilus-** oder Bifidus-Bakterien zur Verbesserung der Darmflora: 1/2 Dosis für Babys

➤ **Algenpulver** zur Mineralstoffversorgung

➤ **Knoblauch** zur Erleichterung der Verdauung

➤ **Aloe-vera-Saft** (nur mit Zitronen- oder Ascorbinsäure als Konservierungsstoff) und Chlorophyll zur Darmwandreinigung und -erneuerung: 2 TL am Tag.

* IE heißt Internationale Einheit und entspricht derjenigen standardisierten Menge eines Vitamins, die Mangelerscheinungen verhindert. Diese Angaben finden Sie auf jedem Vitaminpräparat.

Fütterungszusätze

Diese Zusatzstoffe sind zur Heilung von bestimmten Krankheiten und Konditionen sehr hilfreich. Die angegebenen Werte sind auf die Gesunderhaltung ausgerichtet, bei Krankheiten kann sich der Bedarf an manchen Zusätzen vervielfachen, etwa bei Vitamin A und E nach Verbrennungen. Bei Vitamin C sollte man mit einer geringen Dosierung anfangen, um Durchfall zu vermeiden, und stufenweise so weit steigern, dass gerade kein Durchfall auftritt. Die Dosis auf mehrere Gaben pro Tag verteilen. Ein krankes Tier braucht viel mehr Vitamin C als ein gesundes, da es das meiste davon wieder ausscheidet.

Chinesische Futtertherapie

In der westlichen Welt haben auch bei Diäten Energie, Kohlenhydrate, Fette, Vitamine und Mineralstoffe Vorrang. In der Traditionellen Chinesischen Medizin wird Nahrung beziehungsweise Futter bei Erkrankung als Erweiterung der Kräutertherapie (Seite 32) betrachtet. Dabei gibt es eine ausgewogene Grunddiät und eine individuelle Diät, die auf die Bedürfnisse und physische Konstitution des Einzelnen abgestimmt ist. Da ich mit der chinesischen Futtertherapie in meiner Praxis gute Erfahrungen gemacht habe, möchte ich sie hier erläutern.

Tipp

Geben Sie einem kraftlosen Tier kräftigende und die Mitte (d. h. die Verdauung) stärkende Nahrung, damit es die benötigte Energie über die Verdauung besser aufnehmen kann. Einem Tier mit Verstopfung hilft bewegende und befeuchtende Nahrung, damit die Verdauung in Gang kommt und die Trockenheit im Darm ausgeglichen wird.

Nahrungsqualitäten

In der chinesischen Diätetik versucht man, mit den verschiedenen Qualitäten der Nahrung Schwächen und Zustände im Körper auszugleichen und ihn zu unterstützen, sein Gleichgewicht wieder herzustellen.
Alle Nahrungsmittel werden in die fünf Geschmacksgruppen süß, sauer, scharf, salzig und bitter eingeteilt, die den verschiedenen Organsystemen zugeordnet sind, wie süß zu Magen und Milz/Pankreas, sauer zum Funktionskreis Leber/Gallenblase, scharf zu Lunge/Dickdarm, salzig zu Niere/Blase und bitter zu Herz/Dünndarm.
➤ Saure Nahrungsmittel wirken adstringierend, d. h. zusammenziehend, das Yin bewahrend, und kommen bei durchlässigen Membranen zum Einsatz, z. B. bei Durchfall.
➤ Süße Nahrungsmittel regulieren die Verdauung und die Energie. Dazu gehören Mais und Reis, Kartoffeln,

grüne Bohnen, Huhn, Rindfleisch, Tunfisch und Shrimps.

➤ Bittere Nahrungsmittel, wie Sellerie, Kohlrabi oder Salat regen die Verdauung an.

Zusätzlich haben Nahrungsmittel thermische Qualitäten, wie heiß, wärmend, neutral, kühlend und kalt (Tabelle Seite 40). Temperaturneutrale Nahrung, wie Reis und Kartoffeln, sind am besten geeignet, das Gleichgewicht wieder herzustellen. Kühlende Nahrung gibt man z. B. einem fiebernden Tier, um ihm zu helfen. Andererseits sollte man einer Katze mit einem roten, heißen Ekzem kein Trockenfutter geben, das an sich schon heiße Qualität hat. Enthält es zusätzlich noch Lamm, das zu den wärmenden Fleischsorten gehört, würde das Trockenfutter nur die schon vorhandene Hitze im Körper verstärken, was das Tier zusätzlich belastet. Statt des Trockenfutters wäre Feuchtfutter mit kühlendem Fisch sinnvoll.

Alle Nahrungsmittel haben nach der chinesischen Diätetik eine besondere Affinität zu bestimmten Organsystemen und können diese ausgleichen. Huhn, Reis und Ei gleichen z. B. den Funktionskreis Magen/Milz/Pankreas (»die Mitte«) aus. Ente und Muscheln werden den Nieren und der Blase zugeordnet.

Zusätzlich gibt es noch Yin- und Yang-Qualitäten der Nahrung. Nach

dem chinesischen Arzt Dr. Lu zählt zu Yin kalte und kühlende sowie bittere, salzige und saure Nahrung, zu Yang heiße und wärmende sowie scharfe und süße Nahrung.

So kann man durch die gezielte Fütterung tierischer Proteine unterschiedlicher Qualitäten im Yin- oder Yang-Sinn einer Katze helfen, ihre Grundveranlagung – übermäßig Yin oder Yang – auszugleichen. Einer trägen, langsamen Katze (eher Yin-Typ) füttert man also Yang-Nahrung, die die Zirkulation fördert.

Mit dem Wissen um die Nahrungsqualitäten können Sie eine individuelle Diät für Ihr krankes Tier zusammenstellen und Ihrer Katze schon mit der Fütterung helfen, sich zu heilen. Natürlich zunächst auf der Basis von 60 bis 70 Prozent tierischem Protein, d. h. Fleisch oder Fisch, und 30 bis 40 Prozent Getreide mit etwas fein geraspeltem Gemüse.

Verabreichen Sie einer kranken Katze nur gekochte Nahrung und kein Trockenfutter, um die Verdauung zu erleichtern.

39

Diäten selbst zusammenstellen

Normale Diät: Als Protein eignen sich Lamm, Kaninchen, Tunfisch, Makrele, Huhn, Pute, Rindfleisch, Rinderleber oder -herz, als Getreide Maismehl oder Süßkartoffeln.

Nierendiät: Den Proteinanteil auf 20 Prozent reduzieren. Als Proteinquelle Hühnerfleisch, Hühnermägen oder gekochte Eier mit Hühnerbrühe mit 60 Prozent weich gekochtem Basmatireis, Polenta oder Gerste, 10 Prozent zermusten weißen Bohnen und 10 Prozent Kohl, Kürbis oder Spargel. Man kann auch Nierenspezialdiäten für Katzen aus der Dose mit hart gekochten Eiern und Muschel- oder Hühnersud schmackhafter machen. Doch im Krankheitsfall sollte man füttern, was das Tier frisst.

Diät bei Blasenentzündung: Dies bedeutet in der Chinesischen Medizin meist feuchte Hitze in der Blase, deshalb sollte man jegliche Hitze oder Feuchtigkeit bringende Nahrung, wie Forelle, Lachs, Wild oder Shrimps, vermeiden. Das gilt auch für Milchprodukte, Pute, Tofu und weißes Mehl.

Stattdessen füttern Sie als Protein fettarmes gekochtes Schweinefleisch, Eier, Rind, Kaninchen oder Kabeljau. Als Getreide eignet sich Gerste mit wenig gekochtem Spargel oder Sellerie als Gemüse oder das Kochwasser davon. Auch Süßkartoffeln, grüne Bohnen oder Brokkoli können Sie hinzufügen.

Diät bei Blasensteinen: Die Diät entspricht der bei Blasenentzündung. Zusätzlich sind Hühnerfleisch und -mägen geeignet (siehe auch Seite 76).

Nahrungsmittel nach der chinesischen Diätetik

	Warm	Neutral	Kühlend
Protein	Pute, Tunfisch, Lachs, Forelle, Wild, Shrimps, Huhn, Hühnerleber, Lamm, Aal, Butter	Kaninchen, Rind, Rinderleber, Sardinen, Hühnermägen, Eigelb, Ei (ganz), Milch, Karpfen	Muscheln, Ente, Eiweiß, Schwein, Kabeljau, Krebse, Kefir, Joghurt
Getreide	Hafer, Sonnenblumenkerne	Reis, Mais, Roggen	Gerste, Weizen, Hirse, Sesamöl
Gemüse	Kohl, Kürbis, Süßkartoffeln, Lauch	Karotten, Rüben, Kartoffeln, Sojabohnen, Chinakohl, Kohlrabi	Salat, Sellerie, Brokkoli, Spinat, Aubergine, Gurke
Gewürze	Koriander, Rosmarin, Nelke, Knoblauch, Fenchel-, Dillsamen	Safran, Süßholz	Majoran, Pfefferminze

Licht- und Farbtherapie

Licht ist der Lebensspender auf Erden. Und ohne Licht gäbe es keine Farben. Bestimmte Spektren der Lichtstrahlen werden von der Materie, auf die sie treffen, entweder reflektiert oder resorbiert. Die reflektierte Strahlung nehmen wir als Farbe wahr. Die Strahlen unserer wichtigsten Lichtquelle, der Sonne, enthalten das gesamte Farbspektrum. Sie regen Wachstum und Leben an. Ihre Wirkung lässt sich auch therapeutisch einsetzen.

Die Farbtherapie wurde ursprünglich für den Menschen entwickelt, aber die Ergebnisse lassen sich sehr erfolgreich auch auf Tiere übertragen. Mensch und Tier nehmen Farben über die Augen, die Zellen in der Haut und über den feinstofflichen Körper (hier speziell den emotionalen Körper) wahr. Sie wirken auf das elektromagnetische

Feld des Körpers und regen nach dem Resonanzprinzip geschwächte Bereiche an. Sie steigern die Organfunktionen, die Gewebebildung und die Zirkulation im Körper. Deshalb können Farben, richtig angewandt, auch den Heilungsprozess fördern und dem Organismus helfen, wieder ins Gleichgewicht zu kommen.

Die Anwendung

Die Farbtherapie kann eingesetzt werden

➤ als Ergänzungstherapie bei allen Krankheiten, ob chronisch oder akut, z. B. nach Operationen;

➤ zur Stimulierung der Heilung;

➤ als beste Alternative zur Sterbehilfe (Seite 91).

So gehen Sie vor:

Die gängigste Form der Farbtherapie ist die gezielte Bestrahlung mit farbigem Licht. Dabei sollte der Lichtkegel

Statt Bestrahlung mit Farblicht können Sie das Fenster, an dem die Katze sitzt, mit farbiger Folie bekleben.

Blaues Licht wirkt beruhigend, kühlend und lindert Schmerzen.

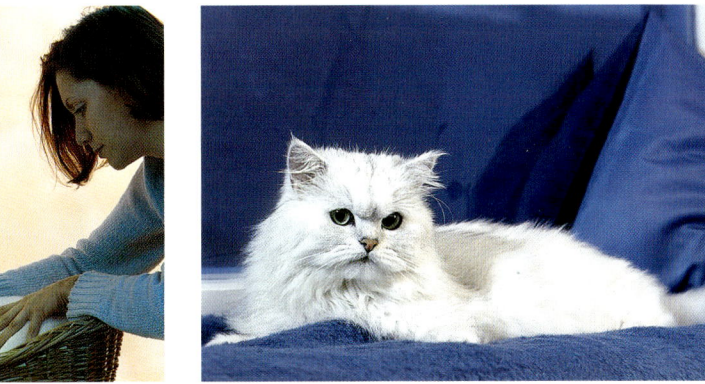

41

immer so auf das Tier gerichtet sein, dass dieses die Möglichkeit hat, sich daraus zu entfernen.

Für die Farbtherapie zuhause sind farbige Glühbirnen (oder Partylichter) geeignet, die in eine Standleuchte geschraubt werden.

Darüber hinaus können Sie auch

➤ die Katze dem Sonnenlicht aussetzen;

➤ die Umgebung des Tieres (z. B. durch Änderung der Wandfarbe) entsprechend färben;

➤ die Fenster mit entsprechend gefärbten Folien bekleben;

➤ weiße Baumwolltücher farbig bestrahlen und damit farbige Umschlä-

ge machen, denn die Tücher nehmen die spezifische Energie des farbigen Lichts auf.

➤ Wasser farbig bestrahlen und es später der Katze als Trinkwasser oder über das Futter geben;

➤ auf den Lieblingsplatz des Tieres eine Decke oder Kissen mit unterstützender Farbe legen.

Die Wirkung

Farbtherapie ist bei allen Erkrankungen einsetzbar, allerdings muss man unterscheiden zwischen

➤ Hemmungsstrahlen, wie Blau, Blaugrün und Blauviolett;

Farben, ihre Wirkung auf den Körper und Indikationen

Farbe	Wirkung	Indikationen
Rot	Größte Tiefenwirkung aller Farben. Wirkt auf körperlicher Ebene, regt die Lebensfunktionen an.	Lebensschwäche, Kreislaufstörung bis hin zum Schock, Lähmungen. Nicht bei Angst
Orange	Fördert den Appetit und die Vitalität, wirkt auf emotionaler Ebene.	Erkrankungen der Atemorgane und Drüsengewebe, Nierenschwäche. Zu wenig Energie.
Gelb	Intensivste Strahlung. Günstig für alle Verdauungsorgane. Oft mit Rot im Wechsel.	Erkrankungen des zentralen Nervensystems und des Magen-Darm-Trakts, Allergien.
Grün	Wirkt harmonisierend und ausgleichend, zur Bildung von Gewebe und Ausscheidung toter Zellen (wichtig für das gesamte Nervensystem). Oft mit Rosa.	Herzerkrankungen, Krebs, Schlafstörungen, Atmungsprobleme.
Blau	Beruhigende, kühlende, Schmerz stillende Wirkung. Indigo wirkt anästhetisch. Wirkt Fieber hemmend und Nerven nährend.	Lokale Entzündungen, Verbrennungen und Hauterkrankungen, Gehirnerschütterung, Infektionskrankheiten. Angst, Schmerzen (Indigo).
Violett	Höchste Schwingungsfrequenz, wirkt auf mentaler Ebene.	Abwehrkraft steigernd, Krämpfe, Infektionskrankheiten. Angst. Nicht bei Aggression.

➤ Beruhigungsstrahlen, wie Grün, Gold und Rosa;

➤ Wachstumsstrahlen, wie Gelbgrün, Gelb, Orange und Rot oder Zwischenstufen davon.

Mit diesen Farben wird das Tier je nach Anweisung (siehe bei der jeweiligen Krankheit) meist 2- bis 3-mal täglich 15-20 Minuten bestrahlt.

Achtung: Rot ist die einzige Ausnahme, damit wird nur 5 Minuten bestrahlt (außer bei Schockzuständen, dann öfter und länger nach eigenem Ermessen).

Edelsteintherapie

Diese Therapieform wirkt auf den feinstofflichen Körper (das elektromagnetische Feld) der Katze. Die Kraft der Steine kann helfen, den Körper wieder ins Gleichgewicht zu bringen.

➤ Am einfachsten geht es bei Katzen, wenn Sie den Stein in die Aura der Katze legen, d. h. auf ihren Platz, wo sie rastet, oder in den Katzenkorb.

➤ Edelsteinwasser: Legen Sie den ausgewählten Stein in eine Wasserschale, die Sie von der Sonne einige Stunden bescheinen lassen, oder lassen Sie den Stein über Nacht im Wasser liegen. Das Wasser geben Sie dann dem Tier als Trinkwasser.

➤ Sie können den Stein auch direkt auf die schmerzhaften Stellen oder auf die Energiezentren (Chakren)

Checkliste

Bei Katzen häufig angewandte Steine

Die Wahl des Steines sollte dem derzeitigen Zustand der Katze entsprechen.

➤ Zur Entgiftung: Smaragd, Malachit, Zitrin

➤ Zur Beruhigung: Aquamarin, Türkis

➤ Zur Schmerzlinderung: Türkis, Aquamarin, Chrysokoll, Achat

➤ Zur Reinigung und Stärkung des Lymphsystems: Azurit, Lapislazuli, blauer Saphir

➤ Zur Verstärkung anderer Steine: Amethyst

➤ Bei Infektionen: hellblaue Steine, wie Chrysokoll, Türkis, Lapislazuli

➤ Für die Haut, Lunge und das Immunsystem: Rosenquarz und rosa Turmalin

➤ Für den Verdauungstrakt: schwarzer Turmalin und gelbe bis gelbgrüne Steine, wie Zitrin, Bernstein und Malachit

➤ Für die Nieren und die Blase: Jade, Zitrin, Bernstein, gelber Beryll

auflegen bzw. bandagieren. Wie lange der Stein bei der Katze verbleiben muss, merken Sie am Verhalten des Tieres. Wird es unruhig, ist es höchste Zeit, den Stein zu entfernen. Bei Anwendung muss ein Stein wöchentlich gereinigt werden. Dazu legen Sie ihn entweder in eine Salzlösung oder halten ihn eine gewisse Zeit unter fließendes Wasser. Danach wird er wie eine Batterie einige Stunden in der Sonne aufgeladen.

Bewegungstherapie

Bewegungsmangel kann bei Katzen wie bei den meisten Tieren Fettleibigkeit, Steifheit, Ungelenkigkeit und Stoffwechselentgleisungen zur Folge haben. Um diesen Erscheinungen vorzubeugen, wird häufig Bewegungstherapie verordnet. Bewegung wird in verschiedenster Form zur Heilung eingesetzt, etwa als Springparcours (Hindernisrennen) oder spezielles Training für Wohnungskatzen.

Die passive Bewegungstherapie dient vorrangig der Erhaltung der Beweglichkeit und Gelenkigkeit von verletzten Gelenken oder Gelenken alter Tiere. Durch regelmäßiges, gezieltes Bewegen lassen sich Gelenkversteifungen und Bänder- oder Sehnenverkürzungen vorbeugen.

Die aktive Bewegungstherapie entspricht den Maßnahmen nach Operationen oder Unfällen. Dem Tier wird stufenweise zunehmend Bewegung verordnet, um Muskelschwund und allgemeiner Schwäche vorzubeugen. Alle Formen der Bewegungstherapie regen den Stoffwechsel in der Muskulatur und später im gesamten Körper an, der Heilungsprozess wird beschleunigt, das Wohlbefinden der Katze gesteigert.

Massage

Massage der Katze ist modifiziertes Streicheln, um dem Tier gezielt Gutes zu tun. Jeder, der selbst einmal massiert wurde, weiß um die Wohltat dieser Anwendung und die einerseits belebende, andererseits ausgleichende Wirkung auf den Organismus. In der Traditionellen Chinesischen Medizin ist die Massage eine der fünf Therapiemöglichkeiten, um den Energiefluss in den Meridianen wiederherzustellen, damit keine Krankheit entsteht. Die Durchblutung in der Muskulatur und zusätzlich das Wohlbefinden werden gefördert. Natürlich dient eine erfolgreiche Massage auch der Bindung zwischen Halter und Katze. Durch regelmäßiges Massieren fallen dem Halter Veränderungen bei der Katze früher auf, und es lässt sich rechtzeitig etwas unternehmen. Darüber hinaus ist die Katze gewohnt, überall berührt zu werden, und daher später beim Tierarzt im Ernstfall unproblematisch.

Um Ihre Katze gesund zu erhalten, sollten Sie ihr viel Bewegung verschaffen, am besten durch ausgiebiges Spielen.

44

Die Anwendung

➤ Einleitung der Massage mit einer Kontaktaufnahme, bei der das Tier die Möglichkeit haben muss ausweichen zu können.

➤ Massiert wird mit den Händen und immer ohne weitere Zusätze wie Öle oder Cremes.

➤ Die Handflächen können geschlossen oder offen sein. Sie können zwei oder vier Finger, die Fingerkuppen oder -ballen einsetzen.

➤ Zu den Grundbewegungen gehören Kreisen, Gleiten, Winken, Kneten, Reiben und Schnippen.

➤ Eine spezielle und neue Form der kreisenden Massagetechnik ist TTouch (nach der Begründerin Linda Tellington-Jones benannt), die man auch auf Katzen übertragen kann und die sehr erfolgreich zur Entspannung und Verbesserung der Lernfähigkeit eingesetzt wird.

➤ Massiert wird meist mit gemächlichem oder langsamem Tempo und geringem Druck. Festerer Druck ist nur entlang der Wirbelsäule erlaubt. Um den besten Erfolg zu erzielen, werden meist milder und leichter Druck kombiniert.

➤ Die Massage beginnt am Kopf, setzt sich an der Wirbelsäule von Nacken und Rumpf fort, dann folgen Brustkorb und Bauch (kann von der Katze unerwünscht sein), zum Schluss Schwanz, Pfoten mit Krallen. Jegliche negative Reaktion der Katze, wie Weggehen, Fauchen oder Kratzen, müssen Sie respektieren. Bei positiven Reaktionen, wie Schnurren, Milchtreten, Gegenreiben, Sabbern, Körperstrecken, wohligem Augenschließen oder Schlafen, können Sie sicher sein, dass die Massage Ihrer Katze gut gefallen hat und zur stärkeren Bindung zwischen Mensch und Tier beigetragen hat.

Die tägliche Fellpflege sanft ausgeführt, wirkt wie eine Massage und fördert das Wohlbehagen der Katze.

Durch die Massage wird die Durchblutung gesteigert und der entsprechende Körperbereich von Spannungen befreit.

45

Krankheiten ...

... die ganze Katze betreffend

Hier finden Sie Erkrankungen der Katze, die überall am Körper vorkommen können oder den Organismus der Katze als Gesamtheit betreffen. Typische Beispiele sind Haut- und Stoffwechselerkrankungen und einige Infektionskrankheiten.

Vorgestellt werden Erkrankungen, die der Tierarzt häufig in der Praxis diagnostiziert.

➤ Dazu zählen beispielsweise alle äußerlichen Erkrankungen, wie Abszesse, Wunden, Risse oder Verbrennungen sowie Flohbefall, die am ganzen Körper auftreten können. Der Katzenhalter kann sie meist selbst erkennen und zunächst auch selbst therapieren.

➤ Appetitlosigkeit ist ein sehr häufiges Symptom eines kranken Tieres. Oft fällt eine Erkrankung dem Tierhalter erst auf, weil seine Katze weniger als normal frisst oder die Nahrung verweigert. Die Ursache muss dann der Tierarzt herausfinden.

➤ Krebs und viele Infektionskrankheiten, wie zum Beispiel Katzenschnupfen oder FIP, bedürfen zwar der tierärztlichen Behandlung, sie werden aber trotzdem hier angesprochen, denn es gibt gute begleitende Therapiemöglichkeiten, die der Halter durchführen und damit seinem Tier beistehen kann. Speziell in der Therapie und Begleitung bei schweren Erkrankungen, wie Krebs, und anderen chronischen Erkrankungen, wie Allergien, hat sich die Tierkinesiologie (Seite 24) bewährt.

➤ Bei Diabetes (Seite 53) hat sich zu den angegebenen Maßnahmen phytotherapeutisch eine Schafgarbenkur unter tierärztlicher Aufsicht bewährt. Dabei wird die Menge an Gelber Schafgarbe langsam gesteigert unter ständiger Kontrolle des Blutzuckerspiegels. Bei positivem Effekt kann die Kur dauerhaft durchgeführt werden.

➤ Bei allen Anwendungen mit ätherischen Ölen gegen Flohbefall der Katze ist darauf zu achten, dass die Öle nicht konzentriert sind und nicht von Nadelhölzern stammen. Die Katze nimmt die Öle beim Putzen auf und kann sich damit vergiften.

ABSZESSE

Was hat Ihre Katze?

➤ Ein Abszess ist eine unterschiedlich große Ansammlung von Eiter im Gewebe.
➤ Die Symptome sind abhängig von der Lage und Größe des Abszesses; zusätzliche Komplikation durch Aussaat von Eitererregern übers Blut.
➤ Meist einseitige, druckempfindliche, warme Schwellung
➤ Fressunlust, Bewegungsunlust, Schlappheit
➤ Eventuell Lahmheit durch Schmerzen und Schwellung in den betroffenen Gelenken oder Gliedmaßen
➤ Fieber oder Untertemperatur
➤ Haarlose Stelle oder Stelle mit verklebten Haaren
➤ Bei Öffnung des Abszesses kommt dünner, schokoladenbrauner, riechender Eiter.

Ursachen

➤ Schließung bzw. Verklebung der Wundränder einer infizierten Wunde (Kratz- oder Bissverletzung meist an Kopf oder Schwanzbasis)
➤ Eingeschlossener Fremdkörper (Splitter, Dornen)

Was können Sie tun?

Vor der Eigenbehandlung sollten die Verwechslungsmöglichkeiten (Ansammlung von Blut oder Lymphe, Hernie (Bauchfellbruch) oder Tumor) durch den Tierarzt abgeklärt werden. Abszesse am Kopf und solche Abszesse, die sich nach drei Tagen nicht verändert haben, sollten auf jeden Fall vom Tierarzt behandelt werden.

➤ **Hausmittel:** Nach Reifung und Öffnung des Abszesses (das erste Mal zeigen lassen) Haare um das Loch herum wegschneiden und die Wundhöhle mit 3-prozentiger Wasserstoffperoxidlösung (Apotheke) mittels einer Spritze spülen.
➤ **Pflanzenheilkunde äußerlich:** Ein warmer Leinsamensack (Seite 26) lässt den Abszess reifen; so warm wie möglich auflegen und oft wechseln; 3- bis 4-mal täglich 15 Minuten anwenden. Säckchen mit Heublumen, Bockshornklee- oder Hanfsamen haben den gleichen Effekt. Kompressen mit Wegerichblättertee 3- bis 4-mal täglich über 3 Tage anlegen.
Innerlich: Echinaceatinktur (immer verdünnt) zur Abwehrsteigerung eingeben.
Chinesische Kräutermedizin (vom Therapeuten): Rezepturen wie Coptis Release Toxicity Formula (innerlich), Compound Watermelon Frost (äußerlich)
➤ **Diätetik und Zusatzstoffe:** Bestes Futter geben. Vitamin C (250 mg/Tag) in Honigwasser auflösen und auf 3 Portionen verteilt reichen. 5 mg Zink pro Tag geben.
➤ **Licht- und Farbtherapie:** Bei »warmen« Abszessen (gerötet, höhere Temperatur) Bestrahlung mit Blau, Blaugrün (beim Ausheilen) und Blauviolett (bei Fieber) 15–20 Minuten 3-mal täglich; eventuell »blaue« Umschläge machen.
➤ **Edelsteintherapie:** Malachit für höchstens 1/2 Stunde und Lapislazuli (auch länger) ins Trinkwasser legen.
➤ **Weitere Therapien:** Homöopathie, Bach-Blüten

VORSICHT: Ein Abszess kann nur durch Öffnung ausheilen. Man sollte die Abszesshöhle tagelang offen halten durch Abkratzen des Wundschorfs und Lösen der verklebten Wundränder, damit sie von innen heraus heilt.

Krankheiten ...

ABWEHRSCHWÄCHE

Was hat Ihre Katze?

➤ Wiederkehrende Infektionen und Erkrankungen, wie Zahnfleisch- und Ohrenentzündung
➤ Verlängerte Krankheitsdauer
➤ Schlecht heilende Wunden
➤ Mattigkeit
➤ Pilzerkrankungen
➤ Tumoren

Ursachen

➤ Unterernährung oder Fehlernährung
➤ Abwehr schwächende Infektionskrankheiten, wie FIP (Seite 56) oder Leukose (virusbedingte Krebserkrankung)
➤ Tumorerkrankungen
➤ Chronische Vergiftungen durch Schwermetalle, Chemikalien oder Ähnliches
➤ Zu viel Stress mit dem Halter oder im Umfeld

Was können Sie tun?

➤ **Pflanzenheilkunde:** Zur Abwehrsteigerung Tinkturen von Echinacea, Wasserdost, Wermut oder

Ginseng reichen; zur Darmentgiftung Aloe-vera-Saft mit Chlorophyll oder Weizengrassaft in die tägliche Futterration geben; Knoblauch als Kapseln, Pulver oder frisch gereicht, hilft gegen Viren, Pilze und Bakterien und wirkt immunstimulierend.
➤ **Akupressur:** Immunsteigernde Punkte beidseitig 1- bis 2-mal täglich massieren: Di4, Di11, MP6 und Ma36.
➤ **Diätetik und Zusatzstoffe:** Ausgewogenes Futter möglichst ohne Farb-, Aroma- und Konservierungsstoffe geben; Vitaminpaste sowie Mineral- und Spurenelementpulver vom Tierarzt in hoher Dosierung reichen.
➤ **Licht- und Farbtherapie:** Die Katze so viel wie möglich in die Sonne lassen. Zusätzlich Bestrahlung mit Grün 3-mal täglich 15-20 Minuten, dazu Rot einige Minuten bis zu 5-mal täglich im Wechsel mit Blau. Rosa kann statt Rot verwendet werden, damit sollte aber länger bestrahlt werden. Viel grüne Nahrung geben.
➤ **Edelsteintherapie:** Smaragd, Jade, Amethyst, blauer Quarz, Rosenquarz, Rubin, blauer Turmalin, rosa Turmalin als Edelsteinwasser geben oder in die Aura legen.
➤ **Weitere Therapien:** Akupunktur, Homöopathie, Bach-Blüten, Reiki

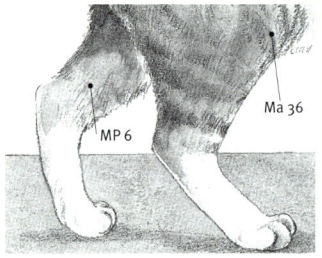

MP 6 liegt zwischen Knochen und Muskel im unteren Viertel des Unterschenkels.

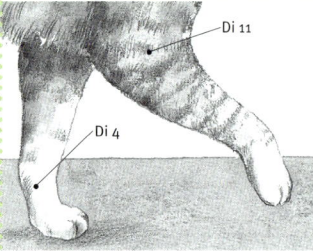

Di 4 liegt im Winkel zwischen erster und zweiter Zehe.

50

ALLERGIE

Was hat Ihre Katze?

➤ Eine Allergie ist eine unangemessene Reaktion des Immunsystems auf einen meist harmlosen Reiz.
➤ Ein Allergie auslösender Reiz (Allergen) kann mit dem Futter oder über die Haut aufgenommen oder eingeatmet werden.
➤ Futtermittelallergie: chronischer Durchfall, Erbrechen, Hautausschlag, Asthma, Herzrasen oder Hyperaktivität
➤ Inhalationsallergie: Augenentzündung, laufende Nase, Nasennebenhöhlenentzündung, erschwertes Atmen oder Asthma, Herzsymptome
➤ Kontaktallergie: Juckreiz und Hautveränderungen von Pusteln bis Haarausfall
➤ Radiästhetische Testung und Laboruntersuchungen erleichtern die Diagnose, denn manche Allergien können mit Infektionskrankheiten verwechselt werden.

Ursachen

➤ Überschießende Reaktion des Immunsystems
➤ Unnatürliche Fütterung (Konservierungs-, Aroma- und Farbstoffe)
➤ Geringe Toleranz für Chemikalien in der Umgebung (Metallverbindungen, Lösungsmittel, Kunststoffe und Arzneimittel)
➤ Sensibilisierung auf spezifische Stoffe, wie Medikamente oder Futterbestandteile, durch wiederholte Gaben

VORSICHT: Schwere Allergien gehören in tierärztliche Behandlung. Da sich die Katze in gewissem Maße auf Gräser und Blüten sensibilisieren kann, sollten vor einer Behandlung solche Stoffe in geringer Menge getestet werden.

Was können Sie tun?

➤ **Pflanzenheilkunde äußerlich:** Ekzem, Seite 54 **Chinesische Kräutermedizin** (vom Therapeuten): Rezepturen, die die überschießenden Immunreaktionen ausgleichen können.
➤ **Akupressur:** Di4 und MP6 (Seite 50) massieren; zusätzlich andere Punkte abhängig von den Symptomen massieren (siehe dort).
➤ **Diätetik und Zusatzstoffe:** Futter ohne Konservierungs-, Aroma- und Farbstoffe oder selbst gekochtes Futter reichen. Bei Nahrungsmittelallergie ist eine Ausschlussdiät (Seite 36) sinnvoll. Stattdessen versuchsweise Lamm, Kaninchen, Ente, Fisch oder Ei, Reis oder Kartoffeln füttern.
➤ **Licht- und Farbtherapie:** Bestrahlung mit Grün, Rosa, Indigo und Orange. Man beginnt mit Grün (3-mal täglich 20 Minuten); nach 3 Tagen zusätzlich mit Rosa (2-mal täglich 15 Minuten), dann weiter zusätzlich mit Indigo und Orange (jeweils 15 Minuten) bestrahlen.
➤ **Weitere Therapien:** Tierkinesiologie, Akupunktur, Homöopathie, Bach-Blüten

Eine Katze mit Allergie braucht als Zusatzstoffe Papayaextrakt, Calcium- und Multivitaminpräparate.

APPETITLOSIGKEIT

Was hat Ihre Katze?

➤ Sie frisst nur sehr wenig.
➤ Sie verweigert das Futter.

VORSICHT: *Wenn sich die Beschwerden nach zwei Tagen nicht bessern, zum Tierarzt gehen.*

Ursachen

➤ Gestörtes Allgemeinbefinden auf Grund von Fieber oder Schmerzen
➤ Infektionen
➤ Magen-Darm-Erkrankungen (Seite 72, 74)
➤ Übelkeit (Seite 74)
➤ Reaktion auf eine Impfung
➤ Austrocknung (= Dehydratation)
➤ Veränderungen in der Mundhöhle, die die Futteraufnahme schmerzhaft oder unmöglich machen
➤ Zweite Sterbephase (Seite 91)
➤ Falsches oder verdorbenes Futter
➤ Unruhiger Fressplatz
➤ Zu viel Futter, das zu lange im Futternapf bleibt
➤ »Heimweh« oder »Trauer«

Was können Sie tun?

Vor einer Eigenbehandlung sollte der Tierarzt die Ursache feststellen.
➤ **Pflanzenheilkunde:** Ziest regt die Verdauung an und reduziert Übelkeit; 9 Tropfen der Tinktur mit 2 EL Wasser verdünnen und davon 2-mal täglich 1 TL geben. Als Appetitanreger Pfefferminze, Ginseng, Enzian, Kamille oder Wasserkresse als Tee oder verdünnte Tinktur (wie oben) vor jeder Mahlzeit oder 3-mal täglich reichen.

➤ **Akupressur:** KG12 kreisförmig ein paar Minuten vor den Mahlzeiten massieren. Zusätzlich Ni3 und Ma36 (Seite 56), Pc6 (Seite 77) und weitere Punkte je nach Ursache massieren.
➤ **Diätetik und Zusatzstoffe:** Futter selbst kochen: 40 Prozent weicher Basmatireis oder Haferbrei und 60 Prozent Protein (Huhn, mageres Rindfleisch, Lamm, Makrele oder Sardinen). Zusätzlich Verdauungsenzyme (Papayaextrakt), Ingwerpulver (1/8 TL pro Mahlzeit) oder Hefeflocken (der Geschmack regt zum Fressen an – Vorsicht: Allergiegefahr) geben.
➤ **Licht- und Farbtherapie:** Bestrahlung 3-mal täglich mit Rot (5 Minuten), Orange (15 Minuten), Gelb (15 Minuten) und Gelbgrün (15 Minuten) zur Vitalisierung und Anregung, darüber hinaus je nach Ursache.
➤ **Edelsteintherapie:** Zitrine, Bernstein, gelbe Jade als Edelsteinwasser reichen oder in die Aura legen.
➤ **Weitere Therapien:** Akupunktur, Homöopathie, Bach-Blüten (vor allem bei »Heimweh« oder »Trauer«), Reiki

KG 12 liegt in der Mittellinie auf der Höhe des letzten Rippenbogens und ist der Magen-Alarm-Punkt.

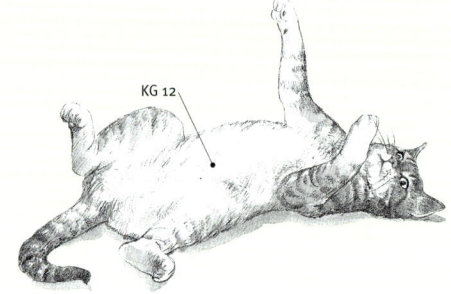

DIABETES MELLITUS (ZUCKERKRANKHEIT)

Was hat Ihre Katze?

➤ Vermehrtes Trinken und Urinabsatz
➤ Vermehrtes Fressen und zunächst Fettleibigkeit, später Abmagerung
➤ Verminderte Leistungsfähigkeit und Abwehr
➤ Lebervergrößerung
➤ Diabetische Erblindung innerhalb weniger Wochen (Vorsicht, ist irreversibel!)
➤ Zum Teil Haut- und Fellveränderungen
➤ Austrocknung
➤ Neurologische Ausfälle
➤ Komplikationen: Leber-, Herz- und Nierenerkrankungen, schlechte Wundheilung, häufige Infektionen

Ursachen

➤ Insulinmangel durch Hormonungleichgewicht oder Übermaß an anderen Körperhormonen
➤ Absterben der Insulin produzierenden Zellen nach Bauchspeicheldrüsenentzündung
➤ Überfütterung

Was können Sie tun?

Die genaue Ursache muss der Tierarzt abklären.
➤ **Pflanzenheilkunde:** Nach Fasten- bzw. Futterumstellungstagen unter tierärztlicher Aufsicht Fütterung von hoch dosierten Knoblauch- und flüssigen Chlorophyllpräparaten sowie Verdauungsenzymen (Papayaextrakt). Um die Insulingaben zu reduzieren, Luzerne, Löwenzahn, Petersilie, Königskerze oder Immergrün als Tee oder Tinktur 2- bis 3-mal täglich geben. Den gleichen Effekt hat der Tee von Olivenblättern (1 TL pro Tag nach einer Mahlzeit).

Aromatherapie: Öle von Eukalyptus, Wacholder und Zitrone in der Duftlampe verdampfen.
➤ **Akupressur:** Täglich Bl13 und Bl23 sowie MP6 und Ma36 (Seite 56) und KG12 (Seite 52) massieren.
➤ **Diätetik und Zusatzstoffe:** Spezialfutter oder eine selbst gekochte Diät reichen. Vier kleine Mahlzeiten am Tag sind optimal. Die Diät sollte ganzes Getreide (sehr weich gekochter Vollreis, Hafer- oder Weizenkörner) und als Proteinquelle Linsen oder weiße Bohnen, mageres gekochtes Schweinefleisch, Kaninchen oder Sardinen enthalten. Als Zusatzstoffe sind Mineralstoffe, Spurenelemente und hoch dosierte Vitamine, speziell Vitamin A, C, E wichtig. Den Fettsäurebedarf deckt 1/2 TL Olivenöl im Futter.
➤ **Licht- und Farbtherapie:** Mit Gelb und Gold 2-mal täglich 15 Minuten über lange Zeit bestrahlen, bei Besserung 1-mal täglich 10 Minuten mit Violett (bei Unruhe oder Gereiztheit aufhören).
➤ **Weitere Therapien:** Akupunktur, Homöopathie, Bach-Blüten, Chinesische Kräutermedizin

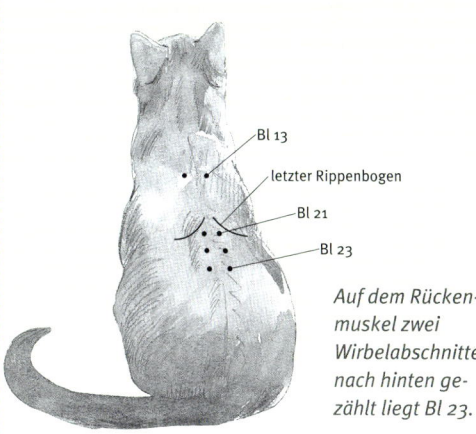

Bl 13
letzter Rippenbogen
Bl 21
Bl 23

Auf dem Rückenmuskel zwei Wirbelabschnitte nach hinten gezählt liegt Bl 23.

53

Krankheiten ...

EKZEM

Was hat Ihre Katze?

➤ Haarausfall, gerötete Hautstelle
➤ Knötchen, Bläschen, Pusteln oder Quaddeln
➤ Schuppen- oder Krustenbildung
➤ Juckreiz
➤ Nässende Hautveränderungen
➤ Eventuell offene Haut

Ursachen

➤ Allergie auf Ausscheidungen oder Speichel von Außenparasiten (z. B. Flohallergie)
➤ Inhalation von Allergenen, wie Pollen, Staub, Pilzsporen
➤ Allergie auf Impfstoffe oder Medikamente
➤ Allergie auf Kontaktstoffe (z. B. Shampoo, Flohhalsband)
➤ Allergie auf das Futter (Inhalts-, Aroma-, Konservierungs- und Farbstoffe)

Was können Sie tun?

➤ **Pflanzenheilkunde äußerlich:** Gekühlten Kamillentee oder Schwarzen Tee mit einer Sprayflasche auf die entzündeten Stellen sprühen; Calendula- oder Aloe-vera-Lotion zum Befeuchten der Haut und Abheilen, 2- bis 3-mal täglich bis zur Heilung.
Innerlich: Von Aloe-vera-Saft (1 TL pro 3 kg Körpergewicht) und flüssigem Chlorophyll oder Kräutermischung aus Mahonie, Calendula, Sauerampfer und Minze (zu gleichen Teilen) jeweils 1/2 TL Tee 1- bis 2-mal täglich bis zur Abheilung verabreichen. Oder Grünen Teeextrakt 1/2 Tablette täglich für das Immunsystem bis zur Abheilung geben.

Chinesische Kräutermedizin vom Therapeuten
➤ **Akupressur:** Bei trockenen, juckenden Ekzemen GB20 (Seite 66), MP6 (Seite 56), Di4, Lu7 massieren. Bei feuchten, stinkenden Ekzemen Di11, Bl40 (Seite 76), MP6 (Seite 56), MP10 und LG14 (Seite 96/Nachsatz Seite 1) massieren.
➤ **Diätetik und Zusatzstoffe:** Kein Trocken- oder Fertigfutter mehr füttern, sondern nach 1–2 Fastentagen Umstellung auf selbst gekochtes Futter. Bei Futtermittelallergie Ausschlussdiät machen (Seite 36) oder vom Tierarzt radiästhetisch austesten lassen; bei anderer Allergie ebenfalls Futterumstellung (Seite 51). Mit der neuen Diät Verdauungsenzyme (Papayaextrakt) für mindestens einen Monat geben. Zusätzlich Vitamin A (10.000 IE oder 1/2 TL Lebertran), E (50 IE oder 1/2 TL Weizenkeimöl), C (500–1000 mg, Durchfall ist limitierender Faktor) und Zink (5 mg) als Vitaminpasten oder Mineralstoff- und Spurenelementpulver geben.
Bei heißen (d. h. roten und warmen) Ekzemen zur Diät kühlende Lebensmittel geben, wie Löwenzahn, Spinat, Gurke, Tofu, Birnen, Äpfel.
➤ **Licht- und Farbtherapie:** Bestrahlung mit Blau 3-mal täglich 15 Minuten; »blaue« Umschläge machen.
➤ **Weitere Therapien:** Akupunktur, Homöopathie, Bach-Blüten, Tierkinesiologie; radiästhetische Austestung vor der Eigenbehandlung

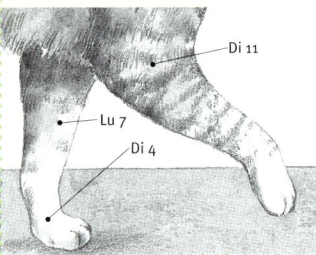

Di 11 liegt bei angewinkelter Vorderpfote am Ende der Ellbogenfalte.

54

FETTLEIBIGKEIT (ADIPOSITAS)

Was hat Ihre Katze?

➤ Übermäßige Gewichtszunahme durch vermehrtes Fettgewebe
➤ Als Begleiterscheinung: Herz- und Kreislaufstörungen, Bewegungsstörungen, herabgesetzte Leistungsfähigkeit, Knochen- und Gelenkbeschwerden

Ursachen

➤ Übermaß an energiereichem Futter
➤ Missachtung einer artgerechten und leistungsgerechten Futterzusammenstellung
➤ Hormonelle Störungen, wie Morbus Cushing (Überfunktion der Nebennierenrinde)
➤ Hemmung des Sättigungsgefühls durch Schrumpfung der Keimdrüsen oder Kastration

Was können Sie tun?

➤ **Hausmittel:** Spielen Sie vermehrt mit Ihrer Katze, damit sie rennt und springt.
➤ **Pflanzenheilkunde:** Anregung der Darm- und Nierentätigkeit durch Tees von Petersilie oder Quecke oder Gabe von abführend wirkenden Pflanzen, wie Rhabarber, kombiniert mit Süßholz, Fenchel oder Anis; 2- bis 3-mal täglich als Pulver in Kapselform ins Futter geben solange die Diät dauert.
➤ **Akupressur:** Bl18 und Bl20 sowie MP6 und Ma36 (Seite 56) massieren.
➤ **Diätetik und Zusatzstoffe:** Nicht nach Belieben füttern! Futtermenge bis zu 50 Prozent reduzieren. Öfters kleine Mengen füttern. Entweder kommerzielle Reduktionskost (mit viel Ballaststoffen) reichen oder dem herkömmlichen Futter viel Rohfaser in Form von weich gekochtem Vollreis oder Weizenkleie zusetzen (1/4–1/2 Tasse Futter ersetzen durch 1/2 Tasse Rohfaser).
In der chinesischen Diätetik sollte man Nahrung geben, die temperaturneutral ist und die Mitte (Funktionskreis Milz/Magen) unterstützt, wie Huhn, Reis oder Ei.
➤ **Licht- und Farbtherapie:** Zur Stoffwechselaktivierung Bestrahlung mit Gelb und Orange 3-mal täglich 15 Minuten.
➤ **Edelsteintherapie:** Gelbe und gelbgrüne Steine als Edelsteinwasser, wie Zitrin, Bernstein oder Malachit, gleichen das Verdauungssystem aus.
➤ **Bewegungstherapie:** Um Bewegungsmangel von Wohnungskatzen auszugleichen, kann man regelmäßig einen Springparcours und ein spezielles Trainingsprogramm (z. B. mit Clickertraining) mit der Katze machen; am besten ist, diese Übungen jeden Tag durchzuführen.

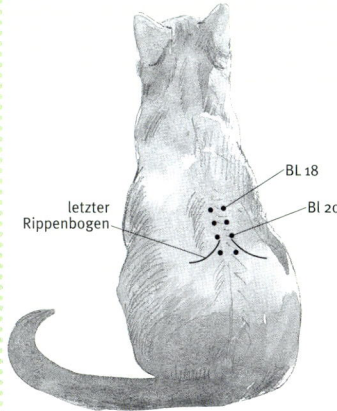

letzter Rippenbogen
BL 18
Bl 20

Bl 20 liegt einen Wirbelabschnitt von Bl 21 nach vorne auf dem Rückenmuskel.

Krankheiten ...

LEUKÄMIE, IMMUNSCHWÄCHE (FIV), INFEKTIÖSE PERITONITIS (FIP)

Was hat Ihre Katze?

➤ Diese unheilbaren Infektionen legen die Immun-
abwehr lahm und werden über Bluttests diag-
nostiziert. Meist treten sie gemeinsam auf.
➤ Fieber mit Apathie
➤ Appetit- und Gewichtsverlust
➤ Verstopfung und/oder Durchfall
➤ Erbrechen
➤ Anämie mit blassen Schleimhäuten
➤ Vergrößerte Lymphknoten
➤ Stumpfes Fell
➤ Bei FIP Ergüsse in Brust- und Bauchhöhle
➤ Meist sterben die so erkrankten Tiere an ande-
ren Infektionskrankheiten.

Ursachen

➤ Infektion mit dem entsprechenden Virus

Was können Sie tun?

Alle im Folgenden genannten Maßnahmen können
nur die tierärztliche Behandlung unterstützen, bei
diesen Infektionskrankheiten ist keine Heilung
möglich.
➤ **Pflanzenheilkunde:** 2 Tropfen Tinktur der Kanadischen Gelbwurzel auf jede Mahlzeit.
Chinesische Kräutermedizin (vom Therapeuten): die gleichen Rezepturen wie für aidskranke
Menschen. Als Tonikum chinesische Kräuter-
kombination aus Astragalus, Sibirischem Ginseng, Beeren von Lycium, TangKuei und Gano-
derma-Pilzen; geben Sie ein Viertel der Dosis
für den Menschen.
➤ **Akupressur:** Ma36 und Pc6 (Seite 96/Nachsatz
Seite 1) zwischen den Krankheitsschüben, Di11

(Seite 54) und LG14 (Seite 66) bei Fieber, zur
Energieauffüllung MP6, Le3, Di4 (Seite 54), Ni3
und Ma36 massieren.
➤ **Diätetik und Zusatzstoffe:** Bestes, ausgewogenes Futter reichen, möglichst ohne Konservie-
rungs-, Farb- und Aromastoffe. Bei selbst gekochtem Futter wäre eine Mischung ideal aus
60 Prozent Protein (frischer Fisch oder Sardinen,
gekochtes Hühnchen oder Pute, Rinderhackfleisch, Lammfleisch, Leber, Tofu oder Ei), 20–
30 Prozent Getreide (eingeweichte Haferflocken,
Maisgrieß, Hirse, Vollreis) und 10–20 Prozent
gekochtes Gemüse (Karotten oder Zucchini,
Brokkoli, Süßkartoffeln). Zusatzstoffe, wie Vitamine, Mineralstoffe und Spurenelemente, in
hohen Dosen zur Unterstützung des Immunsystems in Form von Vitaminpasten oder Tabletten
und Mineralstoffpulver (Tierarzt) reichen.
➤ **Licht- und Farbtherapie:** Zur Harmonisierung
Bestrahlung mit Grün 3-mal täglich 20 Minuten;
zur Vitalisierung Bestrahlung mit Rot bis zu
5-mal täglich, aber höchstens 5 Minuten, im
Wechsel mit Blau (15 Minuten). Mit Rosa statt
Rot kann bis 15 Minuten bestrahlt werden.
➤ **Weitere Therapien:** Akupunktur, Homöopathie,
Bach-Blüten, Reiki

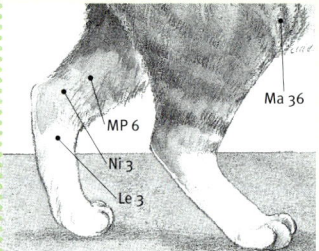

*Ma 36 liegt seit-
lich des Schien-
beins unterhalb
des Knies auf
dem Muskel-
bauch.*

56

FLÖHE

Was hat Ihre Katze?

➤ Stecknadelkopfgroße, braune Tierchen fallen beim Kämmen oder am Bauch der Katze auf.
➤ Juckreiz
➤ Aus dem Fell der Katze fallen schwarze Krümel (Flohkot).
➤ Eventuell Flohdermatitis (juckende Hautreaktionen) durch Allergie auf Flohspeichel (Übertragung beim Stich)

Ursachen

➤ Ansteckung an verflohten Katzen oder Hunden
➤ Verflohte Umgebung (Teppiche, Dielenritzen)
➤ Schlechtes Allgemeinbefinden führt zu vermehrtem Befall.

Was können Sie tun?

Seit neuestem gibt es pharmazeutische Mittel, die die Flöhe töten, indem sie in deren Stoffwechsel eingreifen. Bei starkem Befall deshalb zuerst die Flöhe mit diesen Mitteln abtöten und mit ätherischen Ölen einen Wiederbefall verhindern.

➤ **Hausmittel:** Regelmäßig die Umgebung der Katze, vor allem die Ritzen (Verstecke), saugen und die Staubsaugerbeutel sofort entsorgen (Flöhe kriechen aus dem Staubsauger wieder heraus!).
➤ **Pflanzenheilkunde:** Die unten genannten Mittel können die Flöhe nur vertreiben, nicht töten.
  Aromatherapie: Einige Tropfen ätherisches Lavendelöl, Rosmarin- oder Thymianöl mit 1 EL Trägeröl, z. B. Oliven- oder Sesamöl, mischen und dann hinter dem Kopf, auf dem Bauch und am Schwanzansatz der Katze auftragen; dadurch wird der Wiederbefall verhindert.

➤ **Akupressur:** Bei Flohallergie Di11 (Seite 54), GB24, LG10 (Seite 96/Nachsatz Seite 1); zusätzlich Abwehr steigernde Punkte (Seite 50) massieren.
➤ **Diätetik und Zusatzstoffe:** Auf ausgewogenes Futter achten. Als Zusatzstoff der Katze Vitamin-B-Komplex-Präparate geben, da hoch dosiertes Vitamin B_1 für Flöhe unerträglich ist. Zwei bis drei Wochen vor der Flohsaison (Februar/März) mit der Behandlung beginnen. Wenn die Katze nicht allergisch auf Hefe reagiert, kann man stattdessen 1 TL Hefe täglich ins Futter geben. Eine ausgewogene Vitamin-, Mineralstoff- und Spurenelementversorgung stärkt das Immunsystem und reduziert infolge den Flohbefall.
➤ **Licht- und Farbtherapie:** Zur Beruhigung Bestrahlung mit Grün, bei Juckreiz zusätzlich mit Blau (3-mal täglich 15 Minuten).
➤ **Edelsteintherapie:** Amethyst für längere Zeit in den Wassernapf legen; Edelsteinwasser von Jade, Achat oder Granat für die Hautheilung zum Trinken geben.

LG 10 liegt in der Mittellinie auf der Wirbelsäule in Höhe des Schulterblatthinterrandes.

LG 10

GB 24

57

Krankheiten ...

HAUTPILZ

Was hat Ihre Katze?

➤ Kahle Stellen im Fell (manchmal kreisrund)
➤ Brüchige Haare
➤ Juckreiz, infolge des starken Kratzens bakterielle Infektionen (Kratzekzeme)

VORSICHT: Hautpilz bei der Katze kann auch ansteckend für den Menschen sein (Zoonose)! Deshalb sollten Sie sofort zum Hautarzt gehen, wenn Sie an sich juckende oder gerötete Hautstellen entdecken. Wegen der Infektionsgefahr sollten Sie nach der lokalen Behandlung der Katze gründlich Ihre Hände waschen!

Ursachen

➤ Ansteckung an infizierten Tieren oder infizierter Umgebung
➤ Geschwächte Abwehr
➤ Geschwächtes Tier, z. B. durch Unterernährung oder schwere Krankheit
➤ Tritt v. a. bei sehr jungen und alten Katzen auf.

Was können Sie tun?

Da Hautpilzerkrankungen häufig sehr hartnäckig sind und sich schlecht heilen lassen, sollten Sie rechtzeitig einen Tierarzt konsultieren.
➤ **Pflanzenheilkunde innerlich:** Aus Oreganoblättern und -blüten einen Tee bereiten oder die Tinktur mit Wasser verdünnen (40 Tropfen auf 2 EL Wasser); 3-mal täglich 1/2 TL eingeben.
Äußerlich: 15-prozentige Teebaumöllösung (in Olivenöl) auf die befallenen Stellen auftragen. Behandeln Sie die Katze noch mindestens eine Woche, auch wenn der Hautpilz abgeheilt ist.

➤ **Akupressur:** Massieren Sie Abwehr stärkende Punkte (Seite 50).
➤ **Diätetik und Zusatzstoffe:** Ausgewogenes Futter und die optimale Versorgung mit Vitaminen, Mineralstoffen und Spurenelementen stärken das Immunsystem der Katze und schützen sie vor Befall mit Hautpilzen.
➤ **Licht- und Farbtherapie:** Die Katze möglichst oft Licht und Sonne aussetzen.
Bei Juckreiz Bestrahlung mit Blau, bei Hauterkrankungen mit Orange (jeweils 3-mal täglich 15 Minuten).
➤ **Edelsteintherapie:** Zitrin in den Wassernapf legen; Edelsteinwasser von Jade und blauem Turmalin für das Immunsystem als Trinkwasser geben.
➤ **Weitere Therapien:** Homöopathie, Bach-Blüten

VORSICHT: Schneiden Sie die Haare um die kahlen Stellen weg, um eine Ausbreitung des Pilzbefalls zu verhindern. Behandeln Sie äußerlich immer 1–2 cm in den scheinbar gesunden Bereich hinein.

Starker Juckreiz kann auf eine Pilzinfektion hinweisen.

58

KATZENSCHNUPFEN

Was hat Ihre Katze?

- ➤ Viruserkrankung mit mehrwöchigem Verlauf
- ➤ Fieber und Apathie
- ➤ Husten, Niesen
- ➤ Verklebte Augen und Nasenlöcher
- ➤ Augenentzündung, Fließschnupfen, Luftröhren-entzündung
- ➤ Komplikationen durch bakterielle Infektion: eitriger Augen- und Nasenausfluss, Maulentzün-dung, Bronchitis und Lungenentzündung mit Atemnot
- ➤ Bei Maul- und Zungenentzündung Speicheln und Unfähigkeit zu fressen

Ursachen

- ➤ Infektion mit verschiedenen Viren (Herpes-, Calci-, Reoviren) und Chlamydien
- ➤ Die Katze war nicht geimpft (Seite 17).
- ➤ Haltungsbedingt geschwächtes Immunsystem (Hygienemangel, Katzen unterschiedlicher Her-kunft auf engem Raum)

Was können Sie tun?

- ➤ **Pflanzenheilkunde:** An erster Stelle stehen Ab-wehr steigernde Heilkräuter (Seite 34). Zum Freihalten der Atemwege mit einem in Kamillen-tee getränkten sauberen Tuch Augen und Na-senlöcher auswischen. Oder die Katze mit hei-ßem Kamillentee – abhängig vom Schweregrad der Erkrankung – 1- bis 3-mal täglich bis zu 10 Minuten inhalieren lassen (Seite 33). Bei Maulentzündung mehrmals täglich das Maul mit kaltem Kamillentee mittels Spritze spülen oder die betroffene Stelle betupfen.

VORSICHT: Ätherische Öle im heißen Wasser zur Inhalation können bei einer Katze mit entzün-deten Schleimhäuten einen Kehlkopfkrampf verur-sachen.

- ➤ **Akupressur:** Abwehr steigernde Punkte (Seite 50) und spezielle Punkte abhängig von den Symptomen massieren: Augenentzündung (Sei-te 65), Bronchitis (Seite 71); bei Schnupfen Di20 (Seite 65), Di11 und Di4 (Seite 54), bei Maulent-zündung zusätzlich Ma44 und GB20 (Seite 66).
- ➤ **Diätetik und Zusatzstoffe:** Eine ausgewogene Ernährung ist sehr wichtig. Eine suppige oder weiche Diät (Zimmertemperatur) in kleinen Por-tionen erleichtert der Katze mit entzündetem Maul das Fressen; kein Trockenfutter reichen. Die Diät sollte aus suppig gekochtem Reis oder Hirse und Rind, Rinderleber, Lamm oder Sardi-nen bestehen, dazu kühlendes Gemüse, wie Spinat, Brokkoli und grüne Bohnen. Vermeiden Sie Hühnchen oder Shrimps, da dies wärmende Nahrungsmittel sind.
  Als Zusatzstoffe unterstützen hoch dosierte Gaben von Vitamin C und Zink die Abwehr.
- ➤ **Licht- und Farbtherapie:** Bestrahlung mit Blautönen (Blau, Blauviolett, Blaugrün) 3-mal täglich 15 Minuten.
- ➤ **Weitere Therapien:** Akupunktur, Homöopathie, Bach-Blüten, Reiki, Chinesische Kräutermedizin

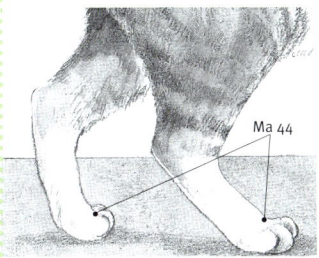

Ma 44

Ma 44 liegt auf dem Rücken der Innenzehe im Winkel der Pfote.

Krankheiten ...

KATZENSEUCHE

Was hat Ihre Katze?

➤ Katzenseuche ist eine akut verlaufende Virusinfektion.
➤ Stark gestörtes Allgemeinbefinden
➤ Fieber mit Apathie
➤ Magen-Darm-Störung mit Erbrechen und wässrig-blutigem Durchfall
➤ Schneller Kräfteverfall und Austrocknung

VORSICHT: Dies ist ein Notfall. Bei Katzenwelpen besteht Schockgefahr und hohe Sterblichkeit innerhalb von Stunden. Deshalb sofort zum Tierarzt gehen!

Ursachen

➤ Infektion mit Felinem Parvovirus
➤ Katze war nicht geimpft (Seite 17).

Was können Sie tun?

➤ **Pflanzenheilkunde:** Die Behandlung mit der Tinktur von Echinacea und anderen Heilpflanzen kann nur die konventionelle Therapie ergänzen. Verdünnte Tinkturen von Eibisch, Spitzwegerich oder Kanadischer Gelbwurzel (20 Tropfen auf 2 EL Wasser) bereiten und 3-mal täglich je eine Pipette voll verabreichen.
Aromatherapie: Zimtöl in der Duftlampe verdampfen.
Chinesische Kräuterrezepturen (vom Therapeuten), wie Coptis Release Toxicity, oder Kräuterrezepturen, wie Curing Pill.
➤ **Akupressur:** Bei akutem Durchfall Di4, Di11, MP6 und Ma36 (Seite 50) massieren.

➤ **Diätetik und Zusatzstoffe:** Nach der intravenösen Ernährung gibt man zunächst flüssige Nahrung, um die Darmschleimhaut nicht zu belasten. Hierzu eignen sich Kochwasser von Reis oder Hafer oder mit etwas Honig gesüßter Karottensaft. Als Zusatz Elektrolytlösung aus der Humanmedizin, um den Mineralstoffverlust auszugleichen (eventuell eingeben).
Bei Besserung langsam auf Reis- oder Kartoffelsuppe (zerkochten Reis oder Kartoffeln) übergehen, der man nach und nach Hüttenkäse und Hühnerfleischstücke zugibt.
Um die Verdauung zu erleichtern, in der ersten Woche Verdauungsenzyme und Acidophiluspräparate zum Aufbau einer gesunden Darmflora reichen. Hoch dosierte Gaben von Vitamin C während der Erkrankung sind sinnvoll (auch per Injektion durch den Tierarzt), müssen später aber wieder reduziert werden, denn nicht benötigtes Vitamin C kann Durchfall verursachen. Trockenfutter sollte noch lange vermieden werden, besser ist Feuchtfutter oder eine ausgewogene selbst gekochte Diät.
➤ **Licht- und Farbtherapie:** Bei Durchfall Bestrahlung mit Blau und Indigo 3-mal täglich 20 Minuten; bei Schock Bestrahlung mehrmals mit Rot zur Revitalisierung 5–10 Minuten, abhängig von der Wirkung; bei Erschöpfung Bestrahlung mit Orange 3-mal täglich 20 Minuten.
➤ **Edelsteintherapie:** Edelsteinwasser von Kupfer bei akutem Durchfall und von Smaragd oder Malachit zur Entgiftung als Trinkwasser reichen.
➤ **Weitere Therapien:** Akupunktur, Homöopathie, Bach-Blüten, Reiki

60

KREBS/TUMOREN

Was hat Ihre Katze?

➤ Tumoren sind Gewebsneubildungen mit unkontrolliertem Wachstum, die gutartig bis bösartig sein können.
➤ Die Symptomatik hängt von der Geschwulstgröße und von Veränderungen im Ursprungsgewebe ab.
➤ Sichtbare oder tastbare Umfangsvermehrung
➤ Zerstörung von Gewebe, veränderte Organfunktionen und Ausfallerscheinungen
➤ Unspezifische Symptome, wie schnelle Ermüdung, geringe Belastbarkeit und unterschiedliche Schmerzhaftigkeit, entstehen durch Entzug von Nährstoffen und Produktion von toxischen oder hormonähnlichen Stoffen durch den Tumor.

Ursachen

Es gibt verschiedene Theorien zur Entartung der einzelnen Zelle:
➤ Entartung durch wiederholte, lang andauernde Reize (chemisch, physikalisch oder entzündlich)
➤ Entartung durch Mutation der Zellen
➤ Entartung durch Infektionen (Leukose, virusbedingte Krebserkrankung)
➤ Metastasierung und Verteilung über Blut-, Lymph- und Luftbahnen

Was können Sie tun?

➤ **Pflanzenheilkunde:** Sie kann nur begleitend eingesetzt werden, soweit die Katze sie annimmt.
Starken Tee von Veilchenblättern und Rotklee, 1 TL 2-mal täglich über mehrere Monate geben.
Zur Entgiftung der Leber dienen Mariendistelpräparate und zur Darmentgiftung Aloe-vera-Saft mit Chlorophyll und Knoblauch. Verdauungsenzyme (Papayaextrakt) helfen, dass die Katze die Diät besser verwerten kann.
Chinesische Kräuter, wie Astragalus, Sibirischer Ginseng und Codonopsis (als Tee oder Kräutertabletten vom Therapeuten), können helfen die Vitalität der Katze wiederherzustellen; diese ist wichtig für die Tumoreindämmung.
Bestimmte japanische Pilze, wie Ganoderma lucidum und Ganoderma japonicum, verhindern die Metastasierung mancher Tumoren.
➤ **Akupressur:** Abwehr steigernde Punkte massieren, wie Di4, Di11, MP6 und Ma36 (Seite 50).
➤ **Diätetik und Zusatzstoffe:** Ihr Tier ist sehr krank und braucht jetzt die beste Versorgung, deshalb auf ausgewogenes, frisches, vitamin- und eiweißreiches Futter achten ohne Farb-, Konservierungs- und Aromastoffe!
Die Menge der Futterzusätze von Seite 37 an Vitamin A und B verdoppeln, an Vitamin E und C vervierfachen (Vorsicht, bei Vitamin C Durchfallgrenze beachten). Zink- und Selengaben kurbeln die Immunabwehr an.
➤ **Licht- und Farbtherapie:** Bestrahlung der Geschwülste mit Grün und Gold, 3-mal täglich 10–20 Minuten.
➤ **Edelsteintherapie:** Zur Reinigung Chrysoberyll, Magnetit oder Silizium; zur Stärkung Carneol, für das Tumorgeschehen selbst Rhodochrosit, Herkimer Diamant, Magnetit, Meteorit, Saphir, Sarder. Alle Steine als Edelsteinwasser reichen.
➤ **Weitere Therapien:** Homöopathie, Bach-Blüten, Tierkinesiologie, Reiki

61

Krankheiten ...

VERBRENNUNGEN

Was hat Ihre Katze?

➤ Verbrennung 2. Grades: Die Haut ist rot und mit Blasen besetzt; die Brandstellen sind geschwollen und schmerzhaft.
➤ Verbrennung 3. Grades: Die Haut ist weiß oder ganz weg, die betroffenen Stellen schmerzen stark oder wegen geschädigter Nervenenden gar nicht mehr. Die Haut nässt ständig.
➤ Verbrennung 4. Grades: Die Haut ist verkohlt, rundherum gibt es Verbrennungen 2. und 3. Grades.

VORSICHT: Verbrennungen 3. und 4. Grades sowie großflächige Verbrennungen (mehr als 15 Prozent der Körperoberfläche bei Verbrennungen 2. Grades) sind ein Notfall und sollten vom Tierarzt behandelt werden (Schockgefahr)!

Ursachen

➤ Feuer, heiße Flüssigkeiten bzw. Dampf
➤ Chemikalien
➤ Elektrizität und Bestrahlung
➤ Katzen mit weißem Fell können sich bereits durch Aufenthalt an der Sonne die Haut an Nase und Ohren verbrennen.

Was können Sie tun?

➤ **Hausmittel:** Bei Verbrennungen durch Hitze die betroffene Stelle sofort für 20 Minuten in kaltes Wasser halten oder eine Eispackung auflegen. Das nimmt die Hitze und den Schmerz und kann Blasenbildung verhindern.
Bei Verbrennungen durch Säuren mit kaltem Wasser und Soda spülen (4 TL auf 1/2 l Wasser),

bei Verbrennungen mit alkalischen Flüssigkeiten die Stelle mit Apfelessigwasser (4 TL auf 1/2 l Wasser) spülen.
Auf keinen Fall die verbrannten Areale berühren (zusätzliche Infektionsgefahr und Schmerz)!
➤ **Pflanzenheilkunde äußerlich:** Nach der Erstversorgung (siehe Hausmittel) Kompressen mit Aloe-vera-Saft oder -Gel mit Vitamin E (Kapsel ausdrücken) machen und die Stelle bandagieren (Seite 26). Kompressen mit Calendulatinktur oder dick mit Honig und Vitamin E (vorher Haare abschneiden) heilen Verbrennungen schnell und lindern die Schmerzen (auch als Salbe).
Innerlich: Brennnesselblätter, frisch oder getrocknet, 1/8 TL 2-mal täglich ins Futter, helfen bei der Gewebeheilung.
Chinesische Kräuterrezepturen wie Ching Wan Hung (äußerlich) und Huang Lian Jie Du Tang (innerlich), beide vom Therapeuten, geben.
➤ **Diätetik und Zusatzstoffe:** Achten Sie auf ausgewogene, beste Nahrung zur Unterstützung des langwierigen Heilungsprozesses.
Calcium- und Magnesiumzusätze reduzieren den Schmerz während der Heilung. Hoch dosierte Vitamin-A- (10.000 IE) und -E-Gaben (100 IE), täglich 3 Wochen lang, ergänzt von 1-mal wöchentlich Vitamin D; Vitamin E (hoch dosiert) ist innerlich und äußerlich ein gutes Heilmittel für Verbrennungen und verhindert Vernarbungen. Zusätzlich Vitamin C (bis zur Durchfallgrenze), Zink und ungesättigte Fettsäuren reichen (Seite 37).
➤ **Licht- und Farbtherapie:** Bestrahlung der verbrannten Areale mit Blau (Mindestabstand der Lampe 50 cm), wenn die Heilung einsetzt, mit Türkis und dann Grün 3-mal täglich 20 Minuten. Bei schweren Verbrennungen bis zu 2 Stunden mit Blau bzw. Indigo bestrahlen.
➤ **Weitere Therapien:** Homöopathie, Bach-Blüten

62

WUNDEN, VERLETZUNGEN

Was hat Ihre Katze?

➤ Symptome sind abhängig von Ursache, Lokalisation, Zustand und Umfang der Wunde.
➤ Meist Schmerzen
➤ Eventuell Funktionsausfall
➤ Entzündung als Folge

VORSICHT: Bei Bisswunden besteht hohe Infektionsgefahr (Abszess, Seite 49), bei großen Verletzungen Schockgefahr, deshalb zum Tierarzt!

Ursachen

➤ Druck: Biss-, Schnitt-, Quetschwunden
➤ Zug: Dehnung, Zerrung, Risse
➤ Hitze, Elektrizität, Chemikalien (Verbrennungen, Seite 62)

Was können Sie tun?

➤ **Hausmittel:** Zur Wundreinigung Spülung mit 3-prozentiger Wasserstoffperoxidlösung (Apotheke).
➤ **Pflanzenheilkunde äußerlich:** Wundreinigung mit kaltem Kamillen- oder Malventee oder verdünnter Arnika- oder Calendulatinktur. Zur Heilung: Umschläge mit Tee von Schafgarbe, Fenchel oder Salbei oder mit der Tinktur von Aristolochia oder Kanadischer Gelbwurzel tränken und auflegen (Seite 26).
Zum Stillen kleiner Blutungen (Schnitte) das Pulver der Kanadischen Gelbwurzel oder die chinesische Mischung Yunnan Payao auftragen.
Innerlich: Zur Abwehrsteigerung Tinkturen von Echinacea und Kanadischer Gelbwurzel reichen. Bei Rissen und geschädigten Nerven hilft Johanniskrauttinktur; 1/2 TL verdünnte Tinktur 2- bis 3-mal täglich bis zur Abheilung reichen. Bei Quetschungen Arnikatinktur reichen. Bei eitrigen Wunden: siehe Abszess, Seite 49.
Chinesische Kräuterrezepturen (vom Therapeuten): TiehTah bei Quetschungen und Blutergüssen; äußerlich bei infizierten Wunden Compound Watermelon Frost.
➤ **Diätetik und Zusatzstoffe:** Täglich die doppelte Menge an Vitamin E für die Heilung der Gewebe sowie hohe Gaben von Vitamin C (bis zur Durchfallgrenze), Zink (5 mg), Vitamin A (10.000 IE) und wöchentlich Vitamin D (400 IE) geben. Zufütterung eines Vitamin-B-Komplex-Präparates ist wichtig bei Trauma, Schock und Blutungen. Calcium-/Magnesiumpräparate reduzieren Krämpfe und Schmerzen.
➤ **Licht- und Farbtherapie:** Hautwunden, Schnitte: Bestrahlung mit Blau 3-mal täglich 15 Minuten. Bei Verstauchungen, Seite 83; bei Verbrennungen, Seite 62. Bei Entzündungen: Bestrahlung zuerst mit Blau, nach Abklingen der Entzündung zusätzlich mit Grün 3-mal täglich 20 Minuten.
➤ **Weitere Therapien:** Homöopathie, Bach-Blüten, Magnetfeldtherapie, Reiki

Sie können die Heilung der Wunden durch Anlegen eines blauen Verbandes beschleunigen.

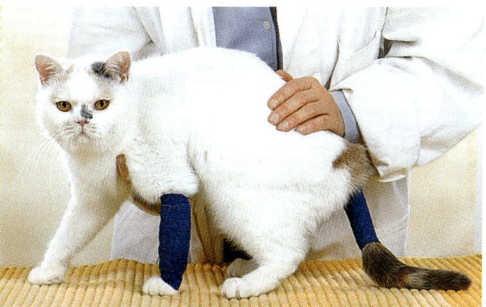

... im Kopfbereich

In diesem Kapitel finden Sie die häufigsten Erkrankungen, die im Kopfbereich Ihrer Katze vorkommen können. Der Kopf ist ein empfindlicher Bereich, dort sind alle Sinnesorgane lokalisiert. Beachten Sie, dass oft Allgemeinerkrankungen – insbesondere Infektionskrankheiten – Symptome im Kopfbereich verursachen, beispielsweise Augenentzündung oder Zahnfleischentzündung.

Meist sind alle Schleimhäute am Kopf von der Infektion betroffen.

➤ Augen-, Ohren- und Zahnfleischentzündungen werden ausführlicher erläutert, weil sie in der Tierarztpraxis sehr häufig diagnostiziert werden und sowohl als Symptom einer Allgemeinerkrankung wie auch als »Alleinerkrankung« vorkommen.

➤ Verletzungen im Kopfbereich werden wie Verletzungen am ganzen Körper behandelt (Seite 63). Besondere Vorsicht muss man walten lassen, wenn auch das empfindliche Gewebe eines Sinnesorgans in Mitleidenschaft gezogen wurde. In diesem Fall sollten Sie einen Tierarzt zu Rate ziehen.

➤ Die Krankheitsbilder Epilepsie oder Gehirnerschütterung werden nicht aufgeführt. In diesen Fällen sollten Sie Ihre Katze von einem Tierarzt behandeln lassen. Sie können jedoch dessen Behandlung unterstützen mit Licht- und Farbtherapie, indem Sie bei beiden Krankheitsbildern bis zu 4-mal täglich 20 Minuten lang den Kopf mit Blau (bei Epilepsie Indigo) bestrahlen.

➤ Der Zahnwechsel bei sechs bis acht Monate alten Kätzchen kann bei manchen Tieren für ein bis zwei Tage zu Mattigkeit und Futterverweigerung führen. Auch in diesem Fall lässt sich der Prozess mit einer 10-minütigen Bestrahlung mit Blaulicht pro Tag erleichtern.

➤ Fremdkörper im Ohrbereich sollten vom Tierarzt entfernt werden. Sie können stattdessen auch das betroffene Ohr täglich mit Rosmarin-Olivenöl (ohne Rosmarinblätter!) spülen, bis der pflanzliche Fremdkörper ausgeschwemmt ist oder sich im Öl aufgelöst hat.

AUGENENTZÜNDUNG

Was hat Ihre Katze?

➤ Wässrig-schleimiger, eventuell eitriger Augen-
  ausfluss
➤ Lichtscheu
➤ Gerötete Lidbindehäute und geschwollene
  Lidränder

Ursachen

➤ Infektion mit Viren und Bakterien
➤ Hinweis auf eine Viruserkrankung, wie Katzen-
  schnupfen (Seite 59)
➤ Allergien (beide Augen sind betroffen)
➤ Fremdkörper oder Reizung durch eingewach-
  sene Lidhaare
➤ Verstopfter Tränenkanal

*VORSICHT: Beschwerden im Augenbereich
sollten Sie immer von einem Tierarzt diagnostizie-
ren lassen!*

Was können Sie tun?

Ist die Augenentzündung ein Symptom einer Allgemeinerkrankung, siehe dort.

➤ **Pflanzenheilkunde äußerlich:** Für Augenwa-
  schungen durch Filterpapier abgegossenen Tee
  von Kamille, Augentrost oder Calendula 3-mal
  täglich nehmen. Es gibt auch reine Augentrost-
  Augentropfen (Tierarzt oder Apotheke).
  Innerlich: 2- bis 3-mal täglich 1/2 TL Tee von
  Schöllkraut, Augentrost und Johanniskraut reichen. Sie können auch getrockneten Augentrost
  ins Futter geben (1/8 TL pro Tag).

Innerlich verabreichte Mariendistel-, Kletten-
wurzel- oder Löwenzahnblätter- bzw. -wurzel-
präparate helfen.

Chinesische Kräutermedizin: Rezepturen, wie
Ming Mu Di Huang Wan (vom Therapeuten), unterstützen die Heilung von Augenerkrankungen.

➤ **Akupressur:** Massieren Sie die Punkte Ma2, Bl1,
  DE23 und GB1 um die Augen, wenn die Katze es
  toleriert, zusätzlich Di4 und Di11 (Seite 50).
➤ **Diätetik und Zusatzstoffe:** Als Zusatzstoff und
  Vitamin-A-Lieferant dient Lebertran (1/2 TL am
  Tag). Zur Gewebeheilung Vitamin E und als Anti-
  oxidans und zur Abwehrsteigerung Vitamin C
  (Seite 37) reichen.
➤ **Licht- und Farbtherapie:** Bestrahlung des
  ganzen Kopfes mit Blau und Indigo 3-mal täglich
  20 Minuten.
➤ **Edelsteintherapie:** Hellblaue Steine helfen bei
  Infektionen, bei allen anderen Ursachen Chryso-
  beryll, Malachit, Saphir. Alle Steine als Edel-
  steinwasser anwenden oder in die Aura legen.
➤ **Weitere Therapien:** Akupunktur, Homöopathie,
  Bach-Blüten

*Ma 2 liegt direkt
unter dem Auge
auf Höhe der
Augenmitte.*

65

OHRENENTZÜNDUNG

Was hat Ihre Katze?

➤ Kopfschütteln, Kratzen am Ohr
➤ Die Katze lässt sich nicht am Ohr streicheln.
➤ Rötung in der Ohrmuschel
➤ Braunschwarzer, grießartiger Inhalt im Ohr (Milben), brauner, nach Hefe riechender Inhalt (meist Pilz) oder gelblicher Inhalt (Eiter infolge einer bakteriellen Infektion)
➤ Juckreiz (vor allem bei Milben)

Ursachen

➤ Infektion mit Milben, Bakterien oder Pilzen
➤ Allergie (Pollen- oder Futtermittelallergie)
➤ Fremdkörper im Ohr (Grassamen, Insekten)
➤ Geschwächte Immunabwehr

Was können Sie tun?

➤ **Hausmittel:** Das infizierte Ohr mit verdünnter Wasserstoffperoxidlösung oder 3-prozentigem Apfelessigwasser reinigen.
➤ **Pflanzenheilkunde äußerlich:** Nach der Erstversorgung (siehe Hausmittel) 4 EL Aloe-vera-Saft oder -Gel mit 1 TL 3-prozentiger Wasserstoffperoxidlösung mischen und das betroffene Ohr täglich damit reinigen.
Bei Ohrmilben Kur nach Dr. Pitcairn: 4,5 TL Mandelöl, 1,5 TL Olivenöl und den Inhalt einer Vitamin-E-Kapsel mischen (= Rezept 1) und am 1., 2. und 3. Tag ins Ohr träufeln, dann 3 Tage pausieren. Dann 2 TL Gartenraute mit einer Tasse kochendem Wasser aufgießen, 15 Minuten ziehen lassen, abseihen und mit 5 TL Hamamelisextrakt mischen (= Rezept 2) und am 7., 8. und 9. Tag ins Ohr träufeln. Rezept 1 und 2 im Kühlschrank

aufbewahren und vor der Anwendung in warmem Wasser anwärmen. Nach 10 Tagen Pause die Kur wiederholen.
Auch 15-prozentige Teebaumölmischung hilft. Dazu 2 EL Teebaumöl mit 4 EL 80-prozentigem Alkohol verschütteln und mit 12 EL Calendulatee mischen; 1-mal täglich über 1 Woche ins Ohr träufeln, 1 Woche Pause, dann wiederholen; insgesamt 4 Wochen lang durchführen.
➤ **Akupressur:** Bei akuter Entzündung LG14, Di11, Lu7 (Seite 54) oder GB20, bei chronischen Problemen Di4, Di11, (Seite 54) MP9 (Seite 76), DE17 (Seite 96/Nachsatz Seite 1) massieren.
➤ **Diätetik und Zusatzstoffe:** Achten Sie auf ausgewogene Ernährung. Vitamin-A- und -E-Zusätze fördern die Heilung von Haut und Schleimhäuten. Bei Infektionen Vitamin C bis zur Durchfalltoleranzgrenze geben.
➤ **Licht- und Farbtherapie:** Bei Ohrenentzündungen Bestrahlung mit Blau/Indigo, bei anderen Ohrenproblemen zusätzliche Bestrahlung mit Orange jeweils 3-mal 15 Minuten.
➤ **Weitere Therapien:** Akupunktur, Homöopathie, Bach-Blüten

GB 20

LG 14

LG 14 liegt in der Mittellinie auf der Wirbelsäule in Höhe des vorderen Schulterblattrandes.

ZAHNFLEISCHENTZÜNDUNG

Was hat Ihre Katze?

➤ Geschwollenes, rotes Zahnfleisch
➤ Schmerzempfindliches, eventuell blutendes Zahnfleisch
➤ Verminderte und vorsichtige Futteraufnahme, Verweigern von Trockenfutter, später auch von Feuchtfutter
➤ Speicheln
➤ Geruch aus dem Maul

Ursachen

➤ Verletzung
➤ Übermäßiger Zahnstein
➤ Zahnerkrankungen
➤ Infektion mit Bakterien oder Einzellern
➤ Anzeichen einer allgemeinen Immunschwäche (z. B. bei Leukose, einer virusbedingten Krebserkrankung) oder einer Entzündung der Schleimhäute durch eine Allgemeinerkrankung, wie Urämie (Harnvergiftung) oder Katzenschnupfen (Seite 59)
➤ In den Zähnen oder im Zahnfleisch verkeilter Fremdkörper

Was können Sie tun?

Verkeilte Fremdkörper sollten Sie vom Therapeuten entfernen lassen.
➤ **Pflanzenheilkunde innerlich:** Abwehr steigernde Heilkräuter (Seite 34) verabreichen.
Bei einer Zahnfleischentzündung Spülung der Mundhöhle mit Tee von Kamille, Kanadischer Gelbwurzel oder Thymian; dazu den Tee mit einer Spritze aufziehen und der Katze überall übers Zahnfleisch laufen lassen. Oder das Zahn-

fleisch mit Tee von Wegerich und Himbeerblättern oder verdünnter Myrretinktur mehrmals täglich betupfen.
Chinesische Kräutermedizin: Das Zahnfleisch mit Compound Watermelon Frost besprühen. Innerlich eine vom Therapeuten ausgewählte Rezeptur verabreichen.
➤ **Akupressur:** Massieren Sie Abwehr steigernde Punkte (Seite 50) und für die Zahnfleischentzündung Ma44 (Seite 59) und GB20 (Seite 66).
➤ **Diätetik und Zusatzstoffe:** Bei Zahnfleischentzündung nur Feuchtfutter geben, am besten eine suppige oder weiche Diät in kleinen Portionen, bestehend aus weich gekochtem Reis oder Hirse sowie Rinderhackfleisch, Rinderleber, Lamm, Sardinen oder Quark als Proteinquelle. Dazu kühlende Gemüse, wie gekochten Spinat, Brokkoli oder grüne Bohnen, reichen. Vermeiden Sie Hühnchen oder Shrimps, weil dies wärmende Nahrungsmittel sind.
Zusätzlich ist die Versorgung mit Vitamin A, C, E und -B-Komplex sowie Zink wichtig (Seite 37).
➤ **Licht- und Farbtherapie:** Bei Entzündungen und Vereiterungen des Zahnfleisches Bestrahlung mit Blau 3-mal täglich 15 Minuten; zur Beruhigung zusätzlich Bestrahlung mit Grün 3-mal täglich 20 Minuten.
➤ **Edelsteintherapie:** Hellblaue Steine lindern die Entzündung. Speziell bei Zahnfleischentzündung wirken Apachengold, Markasit, Perlmutt, Regenbogenfluorit. Alle Steine als Edelsteinwasser anwenden oder in die Aura legen.
➤ **Weitere Therapien:** Zahnsteinentfernung durch den Tierarzt; Akupunktur, Homöopathie, Bach-Blüten

... im Rumpfbereich

In diesem Kapitel finden Sie Erkrankungen, die die Brust- und Bauchhöhle mit den darin befindlichen Organen betreffen. Eine Abbildung des Organsystems der Katze finden Sie auf Seite 10.

➤ Von den Krankheiten im Brustraum wird hier nur Bronchitis besprochen. Lungenentzündung wird meist vom Tierarzt diagnostiziert und auch behandelt, denn durch die Entzündung ist das Organ ernsthaft in seiner Funktion gefährdet. Zur Unterstützung des Heilungsprozesses kann der Halter jedoch Akupressurpunkte massieren und andere Therapien anwenden (siehe Bronchitis, Seite 71).

➤ Auch die Nierenentzündung sollte von einem Tierarzt therapiert werden und kann unterstützend vom Halter behandelt werden, wie bei Blasenentzündung (Seite 70) bzw. Harngrieß (Seite 76) erläutert.

➤ Zu Störungen des Verdauungssystems (Erbrechen, Durchfall, Verstopfung, Reisekrankheit) finden Sie ausführliche Therapievorschläge, denn dies sind häufige Erkrankungen, die vom Halter erkannt und bei harmlosen Ursachen zunächst auch therapiert werden können. Bei Apathie und Fieber sofort zum Tierarzt gehen, bei weniger dramatischen Symptomen, wenn spätestens nach zwei Tagen keine Besserung eintritt.

➤ Bei Haarballenproblemen (siehe Erbrechen, Seite 74, und Verstopfung, Seite 78) ist es sinnvoll, der Katze regelmäßig prophylaktisch Malzpasten (vom Tierarzt) zu geben. Die Malzpasten wie auch die Vitaminpasten bewirken, dass die durch Putzen aufgenommenen Haare problemlos über den Darm ausgeschieden werden und nicht im Magen-Darm-Bereich Kugeln bilden und Gastritis verursachen.

➤ Bei den ersten diagnostizierten Herzbeschwerden können Weißdornpräparate das Herz unterstützen. Auch die chinesische Kräutertherapie hilft bei verschiedenen Herzindikationen. Es gibt hervorragende Rezepturen (vom Tierarzt), die sich bestens mit westlichen Medikamenten kombinieren lassen, um die benötigte Dosis zu senken.

ANALBEUTELENTZÜNDUNG

Was hat Ihre Katze?

➤ Seltener bei Katzen; die Analbeuteldrüsen können verstopfen und sich entzünden.
➤ Geröteter, geschwollener After
➤ Juckreiz am After
➤ Belecken des Afters und eventuell Hautreizung
➤ Zum Teil Schmerzen beim Kotabsatz durch Entzündung und Füllung
➤ Bei längerer Dauer Abszess- oder Fistelbildung

Ursachen

➤ Entleerungsstörung der Drüsenkanäle durch Verstopfung (Sekreteintrocknung) oder Entzündung
➤ Zu viel Feuchtfutter; dadurch werden die Drüsen bei der Kotpassage nicht ausmassiert.
➤ Chronische Verstopfung im Darm
➤ Übergewicht und Bewegungsmangel

Was können Sie tun?

➤ **Pflanzenheilkunde äußerlich:** Bei Verstopfung warme Kompressen mit Tee oder Tinktur von Calendula, Kamille oder Rotklee bereiten, um die Drüsen zu erweichen und anzuregen. Dadurch kann man sie direkt nach dem Auflegen der Kompresse leichter ausdrücken.
Bei Abszess im Analbeutel hilft ein warmer Leinsamensack, um den Abszess reifen zu lassen; so warm wie möglich auflegen und oft wechseln; 3- bis 4-mal täglich 15 Minuten anwenden. Säckchen mit Heublumen, Bockshornklee- oder Hanfsamen haben den gleichen Effekt. Kompressen mit Wegerichblättern 3- bis 4-mal täglich über 3 Tage anlegen.

Innerlich: Geben Sie Löwenzahntee.
Chinesische Kräutermedizin (vom Therapeuten): Rezepturen wie Coptis Release Toxicity Formula (innerlich), Compound Watermelon Frost (äußerlich)
Alle Anwendungen bis zum Abklingen der Symptome durchführen.
➤ **Akupressur:** Massieren Sie KG1 und LG2 (Seite 96); bei Verstopfung, Seite 78.
➤ **Diätetik und Zusatzstoffe:** Das Futter muss viel Ballaststoffe enthalten (Verstopfung, Seite 78). Entweder 1 TL Kleie täglich ins Futter geben oder klein geschnittenes oder geraspeltes frisches Gemüse oder Obst, wie Karotten, Aprikosen oder Feigen reichen.
Bei Verstopfung infolge von Fülle und Stau im Verdauungstrakt rotes Fleisch, Shrimps und Hühnchen meiden, stattdessen mageres, gekochtes Schweinefleisch, wenig Kaninchen, mageren Fisch, Ei, Soja oder andere Bohnen zusammen mit Vollreis oder Hirse füttern.
Bei Verstopfung infolge von Austrocknung und Schwäche Vollreis oder Hirse füttern mit gekochten Süßkartoffeln oder Kürbis und magerem Rindfleisch, weichem Ei, Fisch (z. B. Kabeljau) oder Muscheln zur Befeuchtung. Als Gemüse eignen sich gekochter Brokkoli, Karotten, Spinat.
➤ **Licht- und Farbtherapie:** Bei Analbeutelentzündung oder Abszessen Bestrahlung mit Blau 3-mal täglich 15 Minuten. Bis zur vollständigen Abheilung Bestrahlung mit Türkis 3-mal täglich 15 Minuten.
➤ **Edelsteintherapie:** Zur Reinigung Rauchquarz- oder Obsidian-, zur Entgiftung Smaragdedelsteinwasser.
➤ **Weitere Therapien:** Homöopathie

Krankheiten ...

BLASENENTZÜNDUNG

Was hat Ihre Katze?

➤ Die Katze trinkt vermehrt.
➤ Sie läuft am Katzenklo hin und her.
➤ Vermehrter Harndrang
➤ Schmerzen beim Urinabsatz
➤ Plötzliche Unsauberkeit in der gewohnten Umgebung
➤ Eventuell Blut im Urin
➤ Verminderte Futteraufnahme
➤ Unwohlsein oder Schmerzreaktion der Katze beim Berühren des Unterbauchs
➤ Eventuell leichte Apathie

Ursachen

➤ Bakterielle Infektion
➤ Harnsteine, Harngrieß (Seite 76)
➤ Allergie (Futter)

Was können Sie tun?

➤ **Pflanzenheilkunde:** Das beste Mittel ist Preiselbeersaft. Da Katzen den Geschmack nicht mögen, können Sie Konzentratkapseln verabreichen. Bärentraubenblätter als Tinktur oder Extrakt wirken antiseptisch in der Blase. Die Wirkung wird durch Schachtelhalm und Salbei (Tee, Tinktur, Pulverkapsel) verstärkt. Auch Petersilie oder Brennnessel, 2- bis 3-mal täglich 1/2 TL Tee oder Kraut unter das Futter gemischt, helfen. Zur Abwehrsteigerung bei Infektionen Tinkturen von Echinacea und Kanadischer Gelbwurzel.
Chinesische Kräutermedizin: Gentiana Formula für akute Blasenentzündungen und ihre Nachbehandlung; Passwan Formula zur Reduzierung und Auflösung von Blasensteinen.

➤ **Akupressur:** Bei akuter Blasenentzündung Bl23 (Seite 86), Bl40 und Le2 (Seite 76), KG3; bei Blut im Harn zusätzlich Le8 und Ni7 (Seite 96/ Nachsatz Seite 1); nach Abklingen der Symptome zur Ausheilung Ni3 (Seite 56), KG3, Bl20 (Seite 55), Bl28 (Seite 86).

➤ **Diätetik und Zusatzstoffe:** Lassen Sie Trockenfutter ganz weg. Füttern Sie vom Tierarzt empfohlenes Dosenfutter oder eine selbst gekochte Diät (Seite 40). Vermeiden Sie Shrimps, Lachs, Forelle, Wild und Pute, denn dies sind wärmende Nahrungsmittel und ungeeignet bei Entzündungssituationen.
Geben Sie als Zusatzstoffe 2-mal täglich 125 mg Vitamin C (Durchfallgrenze!), zum Beispiel in etwas Hühnchenbrühe, 1-mal täglich 100 IE Vitamin E oder 2 TL Weizenkeimöl und 10.000 IE Vitamin A oder 1/2 TL Lebertran. Behalten Sie auch nach Ausheilung die Vitaminzusätze bei, vor allem Vitamin C über einige Monate, um Rückfälle zu verhindern.

➤ **Licht- und Farbtherapie:** Bestrahlung mit Blau 3-mal täglich 15–20 Minuten. Nach 2–3 Tagen kann zusätzlich mit Gelb 2-mal 10 Minuten bestrahlt werden, nach 4 Tagen zusätzlich 2-mal 5 Minuten mit Orange.

➤ **Weitere Therapien:** Akupunktur, Homöopathie, Bach-Blüten

KG 3 liegt am Bauch in der Mittellinie direkt vor dem Beckeneingang.

KG 3

BRONCHITIS

Was hat Ihre Katze?

➤ Anfangs trockener, später feuchter Husten
➤ Rasselgeräusche beim Atmen
➤ Nasenausfluss, eventuell eitrig
➤ Gesteigerte Atemfrequenz und Atemnot
➤ Leichte Ermüdbarkeit und geringe Belastbarkeit
➤ Je nach Schweregrad gestörtes Allgemeinbefinden und Fieber

Ursachen

➤ Infektion mit Viren oder Bakterien
➤ Oft in Verbindung oder Kombination mit Entzündungen der oberen oder unteren Luftwege
➤ Allergie auf Staub, Schimmel oder Ähnliches
➤ Fremdkörper in den Atemwegen
➤ Einatmen von schädlichen Gasen
➤ Herzinsuffizienz
➤ Begleitsymptom bei Tumoren der Lunge oder Allgemeinerkrankungen, wie Leukose

Was können Sie tun?

Eine Bronchitis kann leicht in eine Lungenentzündung übergehen – deshalb zum Tierarzt! Die genannten Therapien dienen der Unterstützung.

➤ **Pflanzenheilkunde:** Inhalationen mit Kamille, Seite 27. Warme Brustwickel, Seite 26.
Zur Abwehrsteigerung verdünnte Tinkturen von Echinacea und Kanadischer Gelbwurzel geben. Königskerze hilft bei Husten und entzündetem Rachen. Tinkturen oder Tees von Brombeere, Thymian, Huflattich, Holunder, Salbei, Pfefferminze wirken lindernd.
Für einen Hustensirup 1 TL einer Abkochung aus Süßholz mit 1 TL Honig mischen.

➤ **Akupressur:** Bei Bronchitis Lu5, Lu7, LG14 und KG22 (Seite 96/Nachsatz Seite 1); bei trockenem Husten Lu7, Bl13 (Seite 53), Ni3 (Seite 56); bei schwachem, feuchtem Husten Lu9, Bl20 (Seite 55), KG17 (Seite 96/Nachsatz Seite 1), Ma36 (Seite 56), Ma10 (Seite 96).

➤ **Diätetik und Zusatzstoffe:** Bei trockenem Husten kein Trockenfutter in der Heilungsphase! Kochen Sie eine Diät aus befeuchtenden, aufbauenden Lebensmitteln: 20–30 Prozent Voll- oder weißer Reis, Gerste oder Hirse, 60 Prozent Protein (mageres Schweinefleisch, Lamm, Tunfisch, Sardinen, Kabeljau, Ei, Rindfleisch, Leber sowie Muscheln) und 10–20 Prozent Gemüse, wie grüne Bohnen, Spinat oder Brokkoli.
Bei feuchtem Husten wärmende und neutrale Nahrungsmittel füttern, Milchprodukte und rohe Gemüse, die zusätzlich Feuchtigkeit bilden, vermeiden. Die Diät sollte aus weißem oder Vollreis, Roggen, Hafer oder Mais bestehen mit Tunfisch, Rind, Huhn oder Lachs als Proteinquelle. Gemüse: gekochte Karotten, Kürbis und Kohl.

➤ **Licht- und Farbtherapie:** Bei Bronchitis Bestrahlung mit Orange 3-mal 15 Minuten, bei Asthma zusätzlich mit Blau 10 Minuten zum Abschluss.

➤ **Weitere Therapien:** Akupunktur, Homöopathie, Bach-Blüten, Reiki, Chinesische Kräutermedizin; bei Allergie Tierkinesiologie oder radiästhetische Austestung

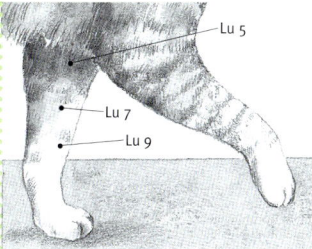

Lu 5 liegt in der Ellbogenbeuge auf der Innenseite des Bizeps.

Krankheiten ...

DURCHFALL, DARMENTZÜNDUNG

Was hat Ihre Katze?

➤ Durchfall ist eher ein Symptom, als eine Krankheit, die entsprechende Krankheit heißt Darmentzündung.
➤ Weicher bis wässriger Kotabsatz, zum Teil mit Blähungen
➤ Austrocknung, Elektrolytverlust
➤ Gestörte Nährstoffaufnahme
➤ Bei schwerem Verlauf Störung des Allgemeinbefindens und Apathie, dann sofort zum Tierarzt gehen!
➤ Schmerzen im Bauchraum, gespannte Bauchdecke
➤ Fieber bei Infektionen

Ursachen

➤ Viren und Bakterien
➤ Parasiten (Würmer oder Einzeller)
➤ Infektionserkrankungen, wie Katzenseuche (Seite 60), oder Allgemeinerkrankungen, wie Lebererkrankung oder Urämie (Harnvergiftung), die mit Durchfall einhergehen
➤ Ernährungsfehler (plötzlicher Wechsel, ungeeignetes oder verdorbenes Futter)
➤ Falsche Zusammensetzung der Darmflora (z. B. nach Antibiotikumbehandlung)
➤ Pilze im Darm
➤ Futtermittelallergie
➤ Vergiftung durch Toxine (Bakteriengifte)
➤ Reizung durch Fremdkörper

VORSICHT: *Bei wässrig-blutigem Durchfall mit Erbrechen sofort zum Tierarzt! Bei Welpen besteht hohe Schockgefahr und Sterblichkeit innerhalb von Stunden.*

Was können Sie tun?

➤ **Hausmittel:** Kaolin (1/2 Tablette 3-mal täglich) oder Aktivkohlepulver sind nur sinnvoll, um die Toxine im Darm, d. h. bei stinkendem infektiösem Durchfall, aufzusaugen. Ansonsten blockieren sie eher die Entgiftungsversuche des Körpers.
➤ **Pflanzenheilkunde:** Feldulmenrinden- oder Johannisbrotpulver mit Honig, 1/4 TL Zimtpulver und Wasser mischen. Davon 1/2 TL 3-mal täglich der Katze geben.
Verdünnte Tinkturen von Wegerich, Kanadischer Gelbwurzel (nicht länger als eine Woche und nicht bei trächtigen Tieren) oder Eibisch helfen speziell bei blutigem oder schleimigem Durchfall; 3- bis 4-mal täglich 1/4 bis 1/2 TL.
Tee aus Salbei-, Himbeer- oder Erdbeerblättern, aus Kamille oder Ingwer bereiten und mit Honig süßen. Oder 1/2 TL Calendula- und 1/8 TL Schafgarbenblüten mit einer Tasse heißem Wasser aufgießen und abkühlen lassen; 1 TL täglich eine Woche lang geben.

Ma 25 liegt rechts und links des Nabels und ist der Dickdarm-Alarmpunkt.

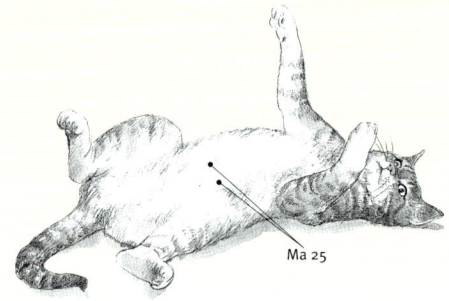

Ma 25

DURCHFALL, DARMENTZÜNDUNG

Chinesische Kräutermedizin: Zur anfänglichen Selbstanwendung 1/2 Kapsel Curing Pill oder Ease Digestion (vom Therapeuten) 2-mal täglich verabreichen.

Aromatherapie: Bei Durchfall Zimtöl in der Duftlampe verdampfen.

➤ **Akupressur:** Bei Durchfall Di4, Di11 (Seite 50), Ma25 und MP6 (Seite 50), bei wässrigem Durchfall mit unverdautem Futter zusätzlich Ma36 (Seite 50) massieren; bei chronischem, blutigem, schmerzhaftem Durchfall Ma25, MP6 (Seite 50), Le2 (Seite 78) und Bl25.

➤ **Diätetik und Zusatzstoffe:** Lassen Sie die Katze (nur erwachsene, gegen Katzenseuche geimpfte Tiere) zunächst ein bis zwei Tage fasten, um die Darmschleimhaut zu schonen. Währenddessen Elektrolytlösungen (Humanmedizin, für Katzen halbe Babydosis) oder 1 TL Apfelessig ins Trinkwasser geben und Hühner- oder Gemüsebrühe mit einem Schuss Sojasoße füttern; in dieser Phase ist auch die Gabe von Boviserin® (vom Tierarzt) empfehlenswert.

Langsam suppiges Futter, wie Haferschleimsuppe oder Reisschleim (4 Teile Wasser und 1 Teil Reis), reichen, später (abhängig vom Tier und von der Schwere der Erkrankung) zusammen mit leicht verdaulichem Protein, wie Quark, Hüttenkäse oder Hühnerfleisch, und Reis als Kohlenhydrate.

Vitamin-A-, -B-Komplex-, -C- und -E-Zusätze gleichen den Verlust durch Durchfall aus. Verdauungsenzyme (Papayaextrakt) und Acidophiluspräparate (vom Therapeuten oder aus der Apotheke) helfen in der ersten Woche bei der Verdauung von festem Futter. Trockenfutter sollte erst wieder eingeführt werden, wenn die Katze keine Schmerzen mehr hat und über mehrere Wochen völlig in Ordnung ist.

Bei Durchfall als Folge einer Allergie ist eine Futterumstellung sinnvoll. Versuchen Sie eine Eliminationsdiät (Seite 36), die mit Reisschleim über 3 Tage eingeleitet wird. Danach Fütterung einzelner Komponenten jeweils über eine Woche lang.

Alternativ kann die Allergie auch radiästhetisch ausgetestet werden.

➤ **Licht- und Farbtherapie:** Bei infektiösem Durchfall Bestrahlung mit Blau und Indigo 3-mal täglich 20–30 Minuten. Zusätzlich Bestrahlung mit Grün 3-mal täglich 10 Minuten. Ebenso hilfreich ist, zunächst mit Gelb und dann Türkis zu bestrahlen und nur wenn sich nichts bessert innerhalb von 24 Stunden mit Indigo.

➤ **Edelsteintherapie:** Beryll als Edelsteinwasser für Durchfall und als Metall Kupfer. Smaragd und Malachit als Edelsteinwasser wirken entgiftend.

➤ **Weitere Therapien:** Akupunktur, Homöopathie, Bach-Blüten, Reiki

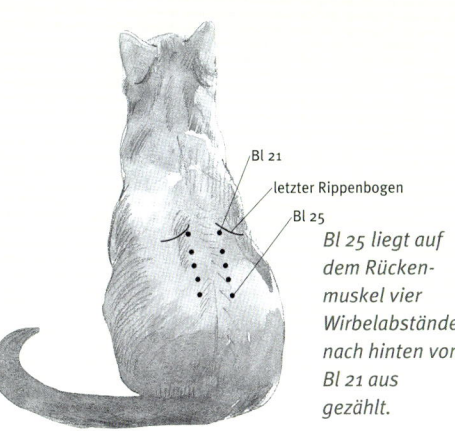

Bl 21

letzter Rippenbogen

Bl 25

Bl 25 liegt auf dem Rückenmuskel vier Wirbelabstände nach hinten von Bl 21 aus gezählt.

73

Krankheiten ...

ERBRECHEN

Was hat Ihre Katze?

➤ Erbrechen ist ein Symptom, das auf eine Krankheit hinweist.
➤ Würge- und Brechbewegungen mit gestrecktem Hals und Wiedergabe des Mageninhaltes
➤ Erbrochenes kann sein: Futter, Fremdkörper (Pflanzenteile), gelblicher, weißer Schaum, Blut
➤ Vermehrtes Gähnen bei Gastritis und Fressen von Gras

VORSICHT: Unstillbares Erbrechen kann auf eine Vergiftung hinweisen. In diesem Fall und wenn die Katze Blut erbricht, müssen Sie sofort zum Tierarzt gehen!

Ursachen

➤ Erbrechen ist meist ein Versuch, die Ursache zu beseitigen.
➤ Falsches Futter: Allergene, zu kalt, verdorben, zu viel (selten)
➤ Symptom einer Infektionskrankheit (mit Fieber und Durchfall z. B. bei Katzenseuche, Seite 60) oder Allgemeinerkrankung (Urämie, Schock)
➤ Entzündung der Magenschleimhaut (= Gastritis) durch Bakterien, Haarballen oder Parasiten
➤ Vergiftung
➤ Kehlkopfentzündung (weißer Schleim)
➤ Verstopfung
➤ Schmerzen
➤ Aufregung, Reisekrankheit (Seite 77)

Was können Sie tun?

Vor einer Eigenbehandlung sollte der Tierarzt eine Diagnose stellen. Bis dahin die Katze fasten lassen.

➤ **Hausmittel:** Zur Entkrampfung im Bauchbereich warme Wickel oder Heublumensäckchen auflegen (Seite 26).
➤ **Pflanzenheilkunde:** Teefasten mit Kamillen- und Schafgarbentee (für die Entzündung) oder Melissentee (zur Krampflösung), bis das Erbrechen nicht mehr auftritt.
Bei Erbrechen infolge Reisekrankheit, Seite 77.
Chinesische Kräutermedizin: Bei chronischen Fällen z. B. Shu Gan Wan (vom Therapeuten).
➤ **Akupressur:** Massieren Sie Ma36 (Seite 78), Ma45, Le14, Bl21 (Seite 96/Nachsatz Seite 1), Pc6 (Seite 77), KG12 (Seite 52) oder KG14 (Seite 96/Nachsatz Seite 1), Le2 (Seite 78).
➤ **Diätetik und Zusatzstoffe:** Bis zur Klärung der Ursache Elektrolytlösung (Apotheke) verabreichen und nicht füttern, danach Teefasten (siehe oben). 1–2 Tage später – abhängig von der Schwere der Erkrankung – Reis- oder Haferschleimsuppe füttern. Nach 2 Tagen Schleimsuppe langsamer Aufbau von Festnahrung, wie bei Durchfall beschrieben (Seite 72).
Bei Gastritis Trockenfutter vermeiden.
Futtermittelallergie: Mit Hilfe einer Ausschlussdiät das Allergen feststellen (siehe Durchfall, Seite 72); dies ist auch mittels radiästhetischer Testung oder Tierkinesiologie möglich.
➤ **Licht- und Farbtherapie:** Bei Entzündung oder Reizung Bestrahlung mit Blau 3-mal täglich 20 Minuten; zur Beruhigung Bestrahlung mit Grün 3-mal täglich 20 Minuten, evtl. zusätzlich mit Gelb zur Stärkung des Magens. Bei Erbrechen durch Gastritis Bestrahlung mit Blau und Gelb abwechselnd 4-mal täglich 15 Minuten.
➤ **Edelsteintherapie:** Als Edelsteinwasser helfen Beryll und Achat; Malachit, grüner Turmalin, Bernstein oder Topas in die Aura legen.
➤ **Weitere Therapien:** Akupunktur, Homöopathie, Bach-Blüten

7 4

GESÄUGEENTZÜNDUNG (MASTITIS)

Was hat Ihre Katze?

➤ Dies ist eine seltenere Erkrankung bei Katzen.
➤ Schwellung, Rötung bzw. Verfärbung und Schmerzhaftigkeit des Gesäuges
➤ Veränderung der Milch
➤ Eventuell ist das Gesäuge übermäßig warm und zusätzlich verhärtet.
➤ Wegen der Schmerzhaftigkeit des Gesäuges lässt die Katze die Welpen nicht trinken.

VORSICHT: In schweren Fällen kann es zur Beeinträchtigung des Allgemeinbefindens mit Fieber, Fressunlust, Durchfall, Erbrechen, Abgeschlagenheit und Bewegungsunlust kommen. Dann müssen Sie sofort zum Tierarzt gehen!

Ursachen

➤ Infektion mit Bakterien, aufsteigend über die Zitzen oder übers Blut
➤ Infektion durch Verletzung des Gesäuges
➤ Milchstau bei Tod oder Absetzen der Welpen
➤ Zu geringe Welpenzahl im Wurf kann zu Milchstau führen.

Was können Sie tun?

Bei gestörtem Allgemeinbefinden sollten Sie zum Tierarzt gehen!
Sollte die Katze die Welpen nicht mehr trinken lassen, müssen Sie ihnen Milch zufüttern: am besten alle 2–3 Stunden anfänglich Katzenwelpenmilch (Zoofachhandel) oder Katzenwelpenmilchpulver (Tierarzt).
➤ **Hausmittel:** Umschläge mit Essigwasser oder Quark wirken lindernd (Seite 26).

➤ **Pflanzenheilkunde äußerlich:** Kühlende Packungen (Seite 26) mit Wegerich- oder Beinwellpaste (gibt es auch als Salbe) oder mit Arnika- oder Calendulatinktur (1 TL auf 1 Glas Wasser) auf das Gesäuge legen.
Innerlich: Zur Abwehrsteigerung bei Infektion Tinkturen von Echinacea und Kanadischer Gelbwurzel (verdünnt) reichen.
➤ **Akupressur:** Zur Immunstimulation und Fiebersenkung Di4, Di11 (Seite 50); für das Gesäuge Bl30, Ni10 und MP17, MP18, Ma18 (Seite 96/Nachsatz Seite 1) massieren.
➤ **Diätetik und Zusatzstoffe:** Neben einer ausgewogenen Ernährung Vitamin C hoch dosiert (bis zur Durchfallgrenze) und Zink (Seite 37) geben.
➤ **Licht- und Farbtherapie:** Bestrahlung mit Blau 3-mal täglich 15 Minuten. Zusätzlich kann man 3-mal täglich 20 Minuten mit Grün zur Beruhigung bestrahlen.
➤ **Edelsteintherapie:** Als Edelsteinwasser Herkimer Diamant, Lapislazuli, Saronyx, Tansanit, Türkis; speziell zur Heilung von Drüsenentzündung Malachit, Onyx, Perle.
➤ **Weitere Therapien:** Akupunktur, Homöopathie, Bach-Blüten, Chinesische Kräutermedizin

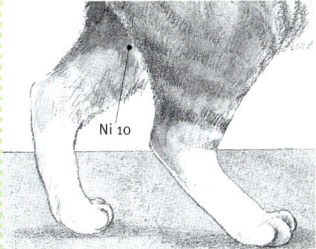

Ni 10 liegt am Innenschenkel auf dem Muskelbauch in Höhe der Kniekehle.

75

HARNGRIESS, BLASENSTEINE

Was hat Ihre Katze?

➤ Die Katze läuft am Katzenklo hin und her.
➤ Schmerzen beim Urinabsatz mit Schreien
➤ Eventuell Blut im Urin
➤ Chronische Blasenreizung bis hin zur Blasenentzündung
➤ Eventuell ständiges Belecken des Fells am Bauch und Schmerzhaftigkeit am Bauch
➤ Praller Bauch durch übermäßig gefüllte Blase durch gestörten Harnabsatz

VORSICHT: Blockierter Urinabsatz kann schnell zum Notfall werden, deshalb sofort zum Tierarzt!

Ursachen

➤ Chronische Blasenentzündung
➤ Fütterungsfehler (zu viel Trockenfutter, falsche Zusammensetzung der Mineralstoffe)
➤ Stoffwechselstörungen
➤ Übergewicht und Bewegungsmangel
➤ Genetische Veranlagung
➤ Harngrieß und Blasensteine treten vor allem bei Katern auf.

Was können Sie tun?

➤ **Pflanzenheilkunde:** Je 10 Tropfen der Tinkturen von Schafgarbe, Echtem Eibisch und Wegerich mit 2 EL Wasser mischen und davon über eine Woche lang 1/2 TL 3-mal täglich geben; die genannten Kräuter können auch in das Futter gemischt oder als Pulver in Kapseln verabreicht werden. Bei schmerzhaftem Urinabsatz kann auch Labkraut (als Tinktur, Tee, Pulver) helfen. Für die Langzeitanwendung: Bei Phosphatkris-

tallen helfen Tinkturen von Labkraut, Rotem Klee, Augentrost und Schachtelhalm, bei Harnsäurekristallen Tinkturen von Wilder Möhre, Selleriewurzel, Maishaar und Wasserdost. Jeweils 3 Tropfen der Tinktur auf 2 EL Wasser geben und davon 1-mal täglich 1/2 TL verabreichen.
Chinesische Kräutermedizin: Passwan Formula löst jede Art von Kristallen in der Blase auf und verhindert ihre erneute Bildung.
➤ **Akupressur:** Massieren Sie Bl20 (Seite 55), KG3 (Seite 70), Bl40, Le2, Ni7 und MP9 (Seite 96/ Nachsatz Seite 1).
➤ **Diätetik und Zusatzstoffe:** Siehe Blasenentzündung, Seite 70. Auch Hühnerfleisch und Hühnermägen sind geeignet. Knoblauch im Futter hilft, die Steinbildung zu verhindern, und wirkt mild antiseptisch.
➤ **Licht- und Farbtherapie:** Bei Urinabsatzschwierigkeiten Bestrahlung mit Grün 3-mal täglich 15 Minuten; bei Entzündungen zusätzlich mit Indigo auf Unterbauch 15 Minuten lang.
➤ **Edelsteintherapie:** Jade ist der traditionelle Stein zur Heilung von Nieren und Blase. Zitrin und andere gelbe Steine wie Bernstein.
➤ **Weitere Therapien:** Akupunktur, Homöopathie, Bach-Blüten

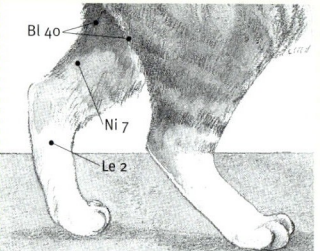

Bl 40 liegt in der Kniekehle auf der Beinrückseite.

REISEKRANKHEIT

Was hat Ihre Katze?

➤ Während der Reise: Unruhe, ständiger Platzwechsel, eventuell Zittern
➤ Schlecken der Nase, Speicheln
➤ Erbrechen

Ursachen

➤ Aufregung
➤ Autofahren ist ungewohnt, die Katze wurde in der Jugend nicht daran gewöhnt.
➤ Die unbekannte Bewegung reizt das Brechzentrum.

Was können Sie tun?

➤ **Pflanzenheilkunde:** Ingwertee bereiten aus zwei dünnen Scheiben frischem Ingwer und einer Tasse heißem Wasser. Eine Pipette voll abgekühltem Tee 1/2 Stunde vor Reiseantritt verabreichen.
Statt Ingwertee 10 Tropfen der Tinktur von Kanadischer Gelbwurzel, 5 Tropfen von Löwenzahn und 5 Tropfen von Kamille mischen, mit 2 EL Wasser verdünnen und davon 1/2 Pipette der Katze vor Reiseantritt geben.
Auch die Tees von Himbeerblättern oder Pfefferminze helfen bei Reiseübelkeit.
Tee von Baldrian, Hopfen, Melisse oder Passionsblume oder eine Teemischung daraus sowie verdünnte Tinkturen der genannten Heilpflanzen beruhigen die Katze während der Fahrt.

➤ **Akupressur:** Massieren Sie Pc6 und zusätzlich KG12 (Seite 52), Ma36 (Seite 78), LG20 und GB20 (Seite 66).
➤ **Diätetik und Zusatzstoffe:** Vor Antritt der Reise die Katze nicht füttern oder nur eine sehr kleine Portion.
➤ **Licht- und Farbtherapie:** Vor Reiseantritt Bestrahlung mit Grün 20 Minuten zum Ausgleich.
➤ **Weitere Therapien:** Akupunktur, Homöopathie, Bach-Blüten

LG 20 liegt auf der Mittellinie am Kopf in Höhe der Ohrenmitte.

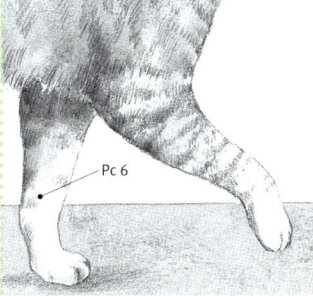

Pc 6 liegt auf der Innenseite im unteren Viertel des Unterarms zwischen den beiden Knochen.

Krankheiten ...

VERSTOPFUNG

Was hat Ihre Katze?

➤ Wiederholter Versuch, Kot abzusetzen
➤ Schwierigkeiten und Schmerzen beim Kotabsatz
➤ Voller Bauch
➤ Harter, trockener Kot, eventuell mit Blutspuren infolge von Schleimhautverletzungen
➤ Gelegentlich Erbrechen
➤ Manchmal Durst und trockenes Fell

VORSICHT: Bei plötzlicher und/oder länger anhaltender Verstopfung zum Tierarzt gehen!

Ursachen

➤ Stoffwechselerkrankungen
➤ Nervenlähmung durch Wirbelsäulenverletzung
➤ Zu viel Fleisch, Knochen
➤ Aufnahme von Haaren, Fremdkörpern
➤ Darmpassage ist verlegt durch Haarballen, Fremdkörper, Tumor, Bruch oder Abszess.
➤ Das Katzenklo wird zu selten gereinigt.
➤ Das Katzenklo steht an unruhigem Ort.
➤ Medikamente

Was können Sie tun?

➤ **Hausmittel:** Bewegung regt die Darmtätigkeit an. Spielen Sie deshalb mit Ihrer Katze. Reinigen Sie das Katzenklo täglich.
➤ **Pflanzenheilkunde:** Geben Sie Aloe-vera-Saft mit Chlorophyll als leichtes Abführmittel. Eine ähnliche Wirkung haben Wegerichsamen, Flohsamen als Kapsel oder Rhabarber, Beinwell und Vogelmiere (Tee: 1/2 TL mit einer Tasse Wasser übergießen, 1 EL täglich davon geben). 10 Tropfen Süßholztinktur mit 2 EL Wasser verdünnen,

davon eine Pipette täglich eingeben. Oder 20 Tropfen Eibischtinktur mit 2 EL Wasser verdünnen und davon eine Pipette 3-mal täglich geben.
➤ **Akupressur:** Bei Verstopfung infolge von Trockenheit und Erschöpfung Ma25 (Seite 72), MP6, Ma36 und Lu7 (Seite 71); bei Verstopfung infolge von Futterfülle und -stau Ni6, DE6 und Bl25 (Seite 96/Nachsatz Seite 1) und Le2.
➤ **Diätetik und Zusatzstoffe:** Trockenfutter weglassen, stattdessen Feuchtfutter oder Selbstgekochtes reichen. Geben Sie klein geschnittenes Weizengras und Knoblauch ins Futter. Zur Erhöhung des Ballaststoffanteils im Futter 2-mal täglich 1/2 TL Hafer- oder Weizenkleie mit wenig Sesam-, Olivenöl oder Butter ins Futter geben oder stattdessen eine Kapsel Wegerichsamen. Zur Diät bei Verstopfung, siehe Seite 69. Verdauungsenzyme (Papayaextrakt) und Acidophiluspräparate (für Darmflora) können die Verdauung aktivieren. Als Zusatzstoffe eignen sich hohe Dosen von Vitamin C (bis 500 mg täglich bis zur Durchfallgrenze) und Zink (5 mg).
➤ **Licht- und Farbtherapie:** Zur Aktivierung des Darms Bestrahlung mit Gelb 20 Minuten morgens und abends, wenn keine Besserung eintritt, 2-mal täglich 20 Minuten mit Orange.
➤ **Weitere Therapien:** Akupunktur, Homöopathie, Bach-Blüten, Reiki, Massagen

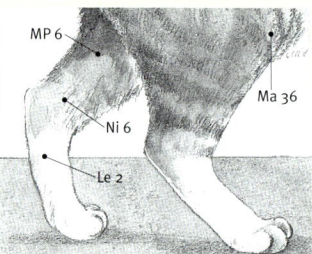

MP 6 liegt zwischen Knochen und Muskel im unteren Viertel des Unterschenkels.

WURMBEFALL

Was hat Ihre Katze?

➤ Erbrechen, Durchfall oder Verstopfung
➤ Gewichtsverlust
➤ Appetitmangel oder übermäßiger Appetit
➤ Glanzloses Fell
➤ Blut oder Schleim im Kot durch die Darmreizung
➤ Kleine, reiskorngroße weiße Teile kleben am After oder an der Schwanzunterseite.
➤ Spaghettiförmige, weiße Würmer im Kot
➤ Das dritte Augenlid (Nickhaut) kann vorfallen.

Ursachen

➤ Band-, Spul- und Hakenwürmer im Darm

Was können Sie tun?

Nur mit Entwurmungsmitteln vom Tierarzt erreichen Sie eine sofortige hundertprozentige Entwurmung. Mit pflanzlichen Präparaten dauert die Entwurmung etwa 3 bis 4 Wochen. Dabei findet eine vermehrte Ausscheidung statt, jedoch keine Abtötung der Würmer. Pflanzliche Präparate sind daher eher geeignet, eine erneute Infektion zu umgehen.

➤ **Pflanzenheilkunde:** Knoblauch erzeugt ein Milieu, das Würmer nicht mögen. Verabreichen Sie ihn entweder roh direkt ins Maul, als Pulver ins Futter oder als verdünnte Tinktur – je nachdem, was die Katze zulässt. Dazu geben Sie 1/2 TL gemahlene Kürbis- oder Zitrusfruchtkerne (oder 1 Kapsel entbitterten Extrakt pro Tag) über 7 Tage. Zur Heilung der Darmschleimhaut Aloe-vera-Saft oder -Gel (1 TL pro 3 kg Körpergewicht) täglich ins Futter mischen.
Entwurmungskur: 1/2 TL Petersilie klein schneiden und zu jeder Mahlzeit ins Futter mischen

oder einen 3-Minuten-Tee mit einem Bund Petersilie bereiten und davon 1 TL täglich verabreichen. Die gleiche Wirkung hat Walnussschalentinktur (1 Tropfen 2-mal wöchentlich ins Futter geben). Diese Kur sollte 4–6 Wochen durchgeführt und nach 4–6 Wochen Pause wiederholt werden.

➤ **Diätetik und Zusatzstoffe:** Eine ausgewogene, frische und vitaminreiche Ernährung macht Ihr Tier widerstandsfähiger gegen Würmer.
Vitamin- und Mineralstoffpräparate, speziell Vitamin-A-Präparate, um den Mangel infolge des Wurmbefalls wieder auszugleichen.
Mit rohem, geraspeltem Gemüse, wie Karotten, Kresse, Spinat, Brokkoli, rotem Paprika, Kürbis und Süßkartoffeln, erhöhen Sie den Rohfaseranteil der Nahrung (unbequem für die Würmer). Fangen Sie mit 1/8 bis 1/4 TL an, und steigern Sie bis zu 1/2 TL am Tag.

➤ **Licht- und Farbtherapie:** Zur Aktivierung und Steigerung der Ausscheidung Bestrahlung mit Gelb 3-mal täglich 15 Minuten.

➤ **Weitere Therapien:** Homöopathie, Bach-Blüten, Chinesische Kräutermedizin

Fängt Ihre Katze regelmäßig Mäuse, kann sie sich leicht mit Würmern infizieren.

... den Bewegungs-apparat betreffend

Zum Bewegungsapparat gehören alle Teile des Körpers, die der Fortbewegung dienen. Das heißt Muskeln, Bänder, Sehnen, Gelenke und die Knochen als Grundgerüst selbst.

Bei Katzen sind die meisten Veränderungen am Bewegungsapparat die Folgen eines Unfalls.

➤ Das gilt vor allem für Knochenbrüche. Je nach Art des Bruches (offen oder geschlossen) kann oft bereits der Halter die richtige Diagnose stellen. Knochenbrüche sollten immer vom Tierarzt untersucht werden. Sind die gebrochenen Enden in die richtige Position gebracht – entweder operativ oder durch Manipulation vor der Ruhigstellung –, muss der Bruch von selbst heilen. Der Tierhalter kann den Heilungsprozess mit entsprechenden Therapien unterstützen.

➤ Auch bei Zerrungen und Verstauchungen hat meist eine Gewalteinwirkung stattgefunden, etwa der berüchtigte Absturz vom Balkon, den die meisten Katzen mit schweren Prellungen und manchmal Brüchen überleben, weil sie es durch ihren Körperbau und ihre Beweglichkeit schaffen, sich im Fallen innerhalb einer Stockwerkshöhe so zu drehen, dass sie auf allen vier Pfoten landen.

➤ Zu offenen Verletzungen im Bereich der Muskeln des Bewegungsapparates, siehe Seite 63.

➤ Arthritis und Arthrose sind meist unfall- bzw. altersbedingt und sollten durch den Tierarzt diagnostiziert werden. Durch die vorgeschlagenen Therapien kann der Halter die Heilung bzw. Linderung der Schmerzen sinnvoll unterstützen. Hier hat sich vor allem Coenzym Q10 zur Erleichterung von Schmerzen (Humandosis im Gewichtsverhältnis reduzieren) bewährt. Ungesättigte Fettsäuren, z. B. als Fischölkapseln von Lachs, Makrele und Sardinen (1/4 der Humandosis), sind hilfreich als Lieferanten von »Reparaturbausteinen« zur Heilung. Zusätzlich sollten Sie der Katze Spurenelement- und Mineralstoffpräparate sowie Knorpelpräparate (am besten Kombinationen von Glykosaminoglykanen und Grüner Lippmuschel) nach Anweisung geben.

ARTHRITIS, ARTHROSE

Was hat Ihre Katze?

➤ Lahmheit beim Gehen, Zögern vor dem Sprung
➤ Schmerzen bei Bewegung
➤ Zögerndes Aufstehen und Niederlegen
➤ Geschwollene und warme Gelenke und damit einhergehend Schmerzhaftigkeit bei Berührung
➤ Manchmal Verschlimmerung der Symptome durch kaltes, feuchtes Wetter
➤ Manchmal Gelenkinstabilität
➤ Bei Arthritis: Schmerz, vermehrte Wärme und Umfangsvermehrung (verdicktes Gelenk)

Ursachen

➤ Absplitterungen im Gelenk
➤ Abnützungserscheinungen im Alter
➤ Futtermittelallergie
➤ Infektionen durch Bakterien oder Viren
➤ Gewaltsame Einwirkung, Gelenkfehlstellungen
➤ Übergewicht
➤ Stoffwechselerkrankungen

Was können Sie tun?

➤ **Hausmittel:** Bei warmen, geschwollenen Gelenken kalte Wickel mit Arnikatinktur (1 EL auf 1/2 l Wasser), bei chronisch schmerzhaften Gelenken warme Wickel machen (Seite 26).
➤ **Pflanzenheilkunde:** Bei Arthritis: Aus Klettenwurzel, Beinwell und Luzerne im Verhältnis 1:1:1 einen Tee bereiten. Oder stattdessen 1 TL Luzerne ins tägliche Futter mischen, diese Kräuter pulverisiert in Kapselform oder 1/8 TL pulverisierte Yucca pro Tag geben sowie Teufelskralle. Bei infektiöser Arthritis unterstützen Knoblauch

sowie die Tinkturen von Echinacea und Kanadischer Gelbwurzel das Immunsystem.
➤ **Akupressur:** Massieren Sie Schmerzpunkte, wie Bl60 oder GB34, und spezifische Punkte um die schmerzenden Gelenke herum (vom Therapeuten zeigen lassen).
➤ **Diätetik und Zusatzstoffe:** Bei allergischer Arthritis das Allergie auslösende Futter weglassen oder das Allergen durch eine Ausschlussdiät herausfinden (Seite 36).
Bei Arthritis, die in kaltem, feuchtem Wetter schlimmer wird, neutrale bis wärmende Nahrungsmittel (Seite 40) geben. Wenn die Katze eher zu warm und leicht gereizt ist, sind neutrale bis kühlende Nahrungsmittel passender. Wichtig sind täglich 500–1500 mg Vitamin C (Durchfallgrenze), 10 mg Vitamin-B-Komplex, 100 IE Vitamin E, 5 mg Zink und 1-mal wöchentlich 10.000 IE Vitamin A mit 400 IE Vitamin D.
➤ **Licht- und Farbtherapie:** Bei Arthritis Bestrahlung mit Blautönen 5-mal täglich 10 Minuten; bei Arthrose Bestrahlung mit Gelb und Orange (3-mal täglich 15 Minuten) beginnen und wenn die Schmerzen nicht besser werden, zusätzlich mit Blau 2- bis 3-mal täglich 15 Minuten.
➤ **Weitere Therapien:** Akupunktur, Homöopathie, Bach-Blüten, Magnetfeldtherapie, Reiki, Chinesische Kräutermedizin

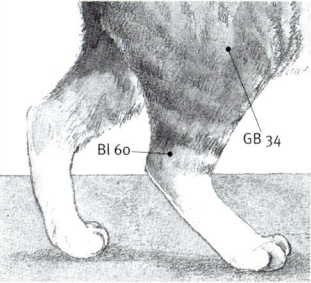

Bl 60, der Aspirinpunkt, liegt außen zwischen Achillessehne und Sprunggelenk.

KNOCHENBRUCH (FRAKTUR)

Was hat Ihre Katze?

➤ Bei geschlossenem Bruch sind die Knochenenden zumindest noch von Haut bedeckt. Bei einer offenen Fraktur ist die Haut ebenfalls verletzt, die Knochenenden können in der offenen Wunde zu sehen sein. Die Symptome sind abhängig von der Lage des Bruchs.
➤ Umfangsvermehrung an der betroffenen Stelle
➤ Veränderung der Knochenstellung und -form
➤ Schmerzen bei Bewegung und Berührung
➤ Abnorme Beweglichkeit, hochgradige Lahmheit
➤ Bei Manipulation oft Knirschen der Knochenenden aneinander

VORSICHT: Ein offener Bruch kann sich leicht infizieren; zudem besteht die Gefahr von Zweitverletzungen (Weichteile, Organe) und von Schock, deshalb die Katze sofort zum Tierarzt bringen!

Ursachen

➤ Gewalteinwirkung, wie Unfall oder Absturz
➤ Reduzierte Festigkeit des Knochengewebes durch Tumor, Zyste oder Entzündung

Was können Sie tun?

Ein Knochenbruch sollte vom Tierarzt behandelt werden. Sie können die Therapie unterstützen.
➤ **Pflanzenheilkunde:** In der Nachbehandlungsphase äußerlich Packungen mit Spitzwegerich, Beinwell und Kleinem Habichtskraut machen. **Chinesische Kräutermedizin:** TiehTah (1 Tablette 2-mal am Tag).
➤ **Akupressur:** Massieren Sie Schmerzpunkte wie Bl60, GB34 (Seite 81), Di4 (Seite 50), Bl17 und

die Beruhigungspunkte LG20 (Seite 77) und LG3. Speziell für die Knochen Bl11, für das Knochenmark GB39 (Seite 96/Nachsatz Seite 1).
➤ **Diätetik und Zusatzstoffe:** Vitamin-A-, -C- und -E-Zusätze unterstützen die Heilung von verletztem Gewebe. Für das Zusammenwachsen der Knochen sind alle Mineralstoffe und Spurenelemente nötig (vom Therapeuten). Man kann zusätzlich mit Bambou und Stevia (pulverisiert in Kapselform) nachhelfen. Calcium-/Magnesiumpräparate reduzieren Krämpfe und Schmerzen.
➤ **Licht- und Farbtherapie:** Bestrahlung mit Grün 3-mal täglich 15 Minuten 4 Tage lang, dann zusätzlich mit Rosa 2-mal täglich 15 Minuten.
➤ **Edelsteintherapie:** Bei Frakturen Herkimer Diamant, Magnetit und Rosenquarz, zur Unterstützung der Knochenbildung Aragonit, versteinertes Holz und Grossular, als Edelsteinwasser oder in die Aura gelegt.
➤ **Weitere Therapien:** Akupunktur für die Schmerzen, Homöopathie, Bach-Blüten, Reiki, Magnetfeldtherapie, später Bewegungstherapie

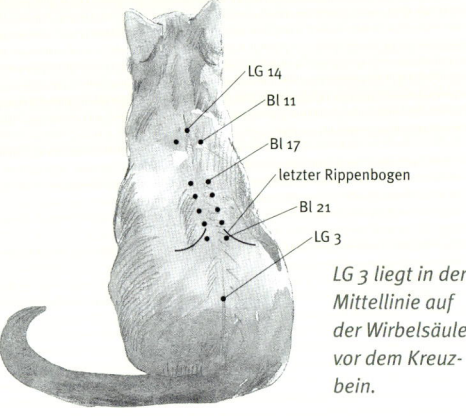

LG 14
Bl 11
Bl 17
letzter Rippenbogen
Bl 21
LG 3

LG 3 liegt in der Mittellinie auf der Wirbelsäule vor dem Kreuzbein.

ZERRUNGEN, VERSTAUCHUNGEN

Was hat Ihre Katze?

➤ Bei einer Verstauchung ist die Lage der Gelenk-flächen kurzzeitig verändert.

➤ Eine Zerrung ist eine Überdehnung von Sehnen, Bändern und Muskeln (meist infolge einer Ver-stauchung).

➤ Schwellung des Gelenks und umliegenden Ge-webes, Füllung der Gelenkkapsel durch ver-mehrt gebildete Gelenkflüssigkeit nach Verlet-zung

➤ Bei Kapsel- oder Bänderrissen Instabilität des betroffenen Gelenks

Ursachen

➤ Gewalteinwirkung durch Unfall

➤ Überdehnung, Überstreckung oder Verdrehung durch Sturz oder Hängenbleiben

Was können Sie tun?

➤ **Hausmittel:** Die Katze sollte ruhig gehalten wer-den, am besten in einem Käfig, um das Gelenk ruhig zu stellen. In den ersten 24 Stunden kalte Güsse, kalte Umschläge oder Eisbeutel zur Schmerz- und Schwellungsbekämpfung. Später bei Besserung zur Steigerung der Durchblutung und Resorption von Lymphe und Entzündungs-stoffen vorsichtige Wärmewickel machen.

➤ **Pflanzenheilkunde äußerlich:** Umschläge um das betroffene Gelenk mit Arnikatinktur (1 EL auf 1/2 l Wasser) oder mit Beinwellwurzel machen. **Innerlich:** Verdünnte Tinkturen von Arnika und Johanniskraut oder Tees von Beinwell oder Klet-tenwurzel (1/2 bis 1 TL täglich).

➤ **Akupressur:** Schmerz- und Beruhigungspunkte (Seite 82). Die spezifischen Punkte um das be-troffene Gelenk, die zu drücken sind, sollten Sie sich vom Therapeuten zeigen lassen.

➤ **Diätetik und Zusatzstoffe:** Eine ausgewogene Ernährung mit entsprechenden Zusatzstoffen unterstützt den Heilungsprozess. Für die Hei-lung der Gewebe täglich die doppelte Menge Vitamin E, zudem hohe Gaben von Vitamin C (bis zur Durchfallgrenze), Zink (5 mg täglich), Vita-min A (10.000 IE täglich), Vitamin D (400 IE wöchentlich) geben. Calcium-/Magnesium-präparate reduzieren Krämpfe und Schmerzen.

➤ **Farbtherapie:** Bestrahlung mit Blau 3-mal täg-lich 15 Minuten; sobald Besserung eintritt, bis zu 3-mal täglich mit Rot bestrahlen, aber höchs-tens 5 Minuten.

➤ **Edelsteintherapie:** Zur Gewebeheilung schwar-zer Turmalin, zur Beruhigung und für die Schmerzen Amethyst; für Verstauchungen grü-ner Achat, Katzenauge oder Malachit; bei Zer-rungen Herkimer Diamant.

➤ **Weitere Therapien:** Akupunktur, Homöopathie, Bach-Blüten, Reiki, Magnetfeldtherapie

Mit Reiki kann man den Heilungsprozess bei Zerrun-gen oder Verstauchungen unterstützen.

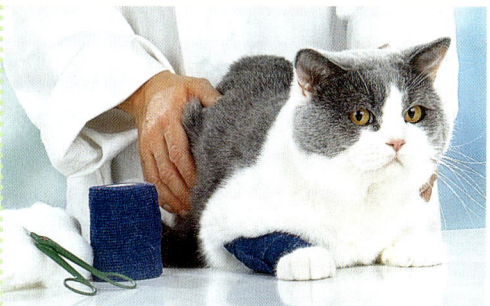

... im Verhaltensbereich

In diesem Kapitel finden Sie Themen, die aus dem Verhaltensbereich kommen. Manche von der Norm abweichende Verhaltensweisen lassen sich mit ganzheitlichen Methoden korrigieren. Um dem Sicherheitsbedürfnis der Katzen entgegenzukommen und Verhaltensauffälligkeiten zu vermeiden, sollten Sie immer den gleichen und vorhersehbaren Tagesablauf und eine Umgebung mit hoch gelegenen Rückzugsmöglichkeiten bieten.

➤ Angst, Aggression und Unsauberkeit sind die häufigsten dem Tierarzt vorgestellten Verhaltensstörungen von Katzen, wobei Unsauberkeit zahlenmäßig weit vorne liegt. In diesen Fällen sprechen Katzen auf eine Bach-Blüten-Therapie fantastisch an.

➤ Aggression gegenüber anderen Katzen: Neuankömmling in einen Käfig setzen; so können sich beide Katzen gefahrlos aneinander gewöhnen. Die Katzen ablenken, indem man mit ihnen spielt oder sie gleichzeitig mit einigen Metern Abstand füttert. Oder den Angreifer mit einer Wasserspritze ablenken.

➤ Aggression gegenüber Menschen: Nicht auf die Katze zugehen, sondern abwarten, bis die Katze auf Sie zukommt und die Signale vor einem Angriff verstehen lernen. Durch langsame, kontrollierte Bewegungen die Angriffshäufigkeit reduzieren. Der Tierarzt kann Ihnen ein Spray (Felifriend®) geben, das Sie zehn Minuten, bevor Sie die Katze anfassen, auf Ihre Hände sprühen.

➤ Aggression infolge Frustration der Katze kann durch viel Spielen mit der Katze oder Auslauf abgebaut werden.

➤ Trächtigkeit, Geburt und Altwerden können mit Beschwerden einhergehen, die Sie durch gezielte Anwendungen lindern können. Deshalb werden sie in diesem Kapitel erläutert.

➤ Die Schilderung des Sterbeprozesses will Ihnen zeigen, dass die Sterbebegleitung eine Alternative zur Sterbehilfe sein kann. Zusätzlich können Sie sich mit dem Wissen um die Phase, in der sich Ihre Katze gerade befindet, für den richtigen Zeitpunkt des Einschläferns entscheiden.

AGGRESSIVITÄT

Was hat Ihre Katze?

➤ Anspringen bzw. Angreifen von Artgenossen oder Menschen
➤ Heftiges Peitschen mit dem Schwanz, Unruhe
➤ Angelegte Ohren, kleine Augen, Fauchen
➤ Kratzen und Beißen

Ursachen

➤ Spielaggression dem Menschen gegenüber
➤ Die Katze wird zu viel gestreichelt/angefasst.
➤ Innerartliche Aggression
➤ Alterserscheinung
➤ Hyperaktivität
➤ Mangelnde Sozialisierung mit Artgenossen oder mit dem Menschen
➤ Prägende schlechte Erfahrungen
➤ Schilddrüsenüberfunktion, Gehirnverletzungen
➤ Umgerichtete Aggression: ursprüngliche Aggression auf eine andere Katze wird auf den Wohnungsgenossen (Katze oder Mensch) gerichtet.
➤ Allergien – sie sind zwar selten die Ursache, sollten aber unbedingt abgeklärt werden.

Was können Sie tun?

Vor einer Eigenbehandlung müssen körperliche Ursachen vom Tierarzt ausgeschlossen werden.
➤ **Pflanzenheilkunde:** Verabreichen Sie beruhigend wirkende Heilpflanzen (Seite 86) und solche, die den Funktionskreis Leber ausgleichen. Dazu gehören Mariendistel und Artischocke, die Sie pulverisiert in Kapselform oder als Kombinationspräparat »Leberkomplex« geben – 1/2 Kapsel 1-mal täglich über 3–4 Wochen.

Chinesische Kräutermedizin: Free and Easy Wanderer bringt die gestaute Leberenergie – was in der Chinesischen Medizin der Aggression entspricht – wieder zum Fließen.
➤ **Akupressur:** Beruhigungspunkte (Seite 86), zusätzlich Punkte, die den Leberfunktionskreis ausgleichen, wie Bl18, Le2 (Seite 78) und LG11.
➤ **Diätetik und Zusatzstoffe:** Trockenes, energiereiches Futter durch ausgewogenes Feuchtfutter mit viel Getreide ersetzen.
➤ **Licht- und Farbtherapie:** Zum Ausgleichen und Harmonisieren Bestrahlung mit Grün 3-mal täglich 20 Minuten, bei überschießender Aggression mit Blau 3-mal täglich 10–15 Minuten.
➤ **Edelsteintherapie:** Bei Aggressivität Friedensachat, Heliotrop Opalit, Moki, Tektit, bei Wutausbrüchen Amethyst, Dolomit, Feuerachat, Feueropal, Labratorit, Mohrenkopfturmalin; als Edelsteinwasser oder in die Aura gelegt.
➤ **Weitere Therapien:** Medikamentöse Verhaltenstherapie; Akupunktur, Homöopathie, Bach-Blüten, Tierkinesiologie, TTouch und Massagen

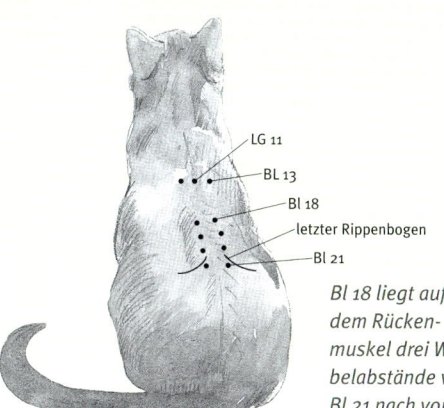

LG 11
BL 13
Bl 18
letzter Rippenbogen
Bl 21

Bl 18 liegt auf dem Rückenmuskel drei Wirbelabstände von Bl 21 nach vorne.

85

Krankheiten ...

ANGST

Was hat Ihre Katze?

➤ Die Katze flüchtet, zieht sich zurück.
➤ Angriffsverhalten, wenn keine Ausweich- bzw. Fluchtmöglichkeit besteht
➤ Zittern (z. B. beim Tierarzt oder Autofahren)
➤ Schwitzen unter den Pfoten
➤ Geduckte Körperhaltung und kriechender Gang
➤ Geweitete Pupillen in Angst auslösenden Situationen (z. B. Begegnung mit dem Staubsauger)
➤ Die Katze meidet gewisse Personen, weicht ihnen aus oder versteckt sich.

Ursachen

➤ Mangelnde Sozialisierung mit Menschen, Artgenossen und anderen Tieren
➤ Mangelnde Gewöhnung an die Umwelt (Geräusche, Gegenstände), d. h. isoliert aufgewachsen
➤ Schlechte Erfahrung mit Menschen oder Tieren
➤ Ständige Störung der Katze an ihrem Ruheplatz
➤ Herzprobleme oder Verlust der körperlichen Fitness führen bei älteren Katzen zu Nervosität.
➤ Genetische Veranlagung

Was können Sie tun?

Oberstes Gebot ist Geduld und Vorsicht im Umgang mit der ängstlichen Katze. Mit Zwang und Bestrafung verstärkt man nur die Störung. Immer abwarten, bis die Katze von selbst kommt. Durch viele kleine Mahlzeiten Vertrauen zum Tier schaffen.
➤ **Pflanzenheilkunde:** Heilkräuter, wie Baldrian, Hopfen, Melisse, Passionsblume und Kawa-Kawa, können die Katze in dieser neuen Lernphase zusätzlich entspannen. Goldmohn, Lerchen-

sporn und Passionsblume wirken Angst lösend (als Tee oder pulverisiert in Kapselform).
➤ **Akupressur:** Zur Entspannung Beruhigungspunkte, wie LG20 (Seite 77), LG3, He3 und Yintang (Seite 96/Nachsatz Seite 1), massieren. Bl23, Bl28 zur Stützung des Funktionskreises Niere/Blase, zu dem die Emotion Angst gehört.
➤ **Diätetik und Zusatzstoffe:** Eine ausgewogene Ernährung ist Voraussetzung. Diät nach der chinesischen Ernährungslehre, die den Nierenfunktionskreis unterstützt (Seite 40). Zusätzlich Präparate mit dem Vitamin-B-Komplex, Spurenelementen wie Lithium, Kobalt, Magnesium und Aluminium sowie der Aminosäure Tryptophan.
➤ **Licht- und Farbtherapie:** Bei Angstzuständen Bestrahlung mit Grün 3-mal täglich 20 Minuten und zusätzlich 2-mal 10 Minuten mit Gold. Nach 3 Tagen kann man mit Rosa statt Gold im Wechsel bestrahlen. Ängstliche Tiere nie mit Rot bestrahlen, da dies die Angst nur vergrößert.
➤ **Weitere Therapien:** Medikamentöse Verhaltenstherapie; Chinesische Kräutermedizin, Akupunktur, Homöopathie, Bach-Blüten, Tierkinesiologie

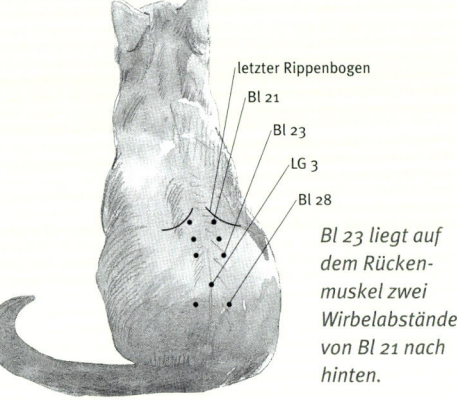

letzter Rippenbogen
Bl 21
Bl 23
LG 3
Bl 28

Bl 23 liegt auf dem Rückenmuskel zwei Wirbelabstände von Bl 21 nach hinten.

UNSAUBERKEIT

Was hat Ihre Katze?

➤ Urin- oder Kotabsatz neben dem Katzenklo oder an anderen Stellen in der Wohnung
➤ Markieren an Möbeln mit Urin

Ursachen

➤ Organische Ursachen, z. B. Blasenentzündung oder Durchfallerkrankung
➤ Das Katzenklo ist dreckig, steht an unruhiger Stelle oder zu nahe neben dem Fressnapf.
➤ Ständige Störung durch Kinder
➤ Die Katze ist verunsichert, z. B. durch neue Möbel, Umzug, neue Katzenstreu, andere Katzen.
➤ Die Katze ist »eifersüchtig« auf ein neues Familienmitglied (z. B. Baby, Freund, Haustier).
➤ Normales Markierungsverhalten von geschlechtsreifen Katern

Was können Sie tun?

Ausschluss von körperlichen Ursachen.
Lassen Sie Ihren gerade geschlechtsreif gewordenen Kater spätestens kastrieren, wenn er anfängt zu markieren.
➤ **Hausmittel:** Abstellen der Stress auslösenden Ursachen, wie tägliches Reinigen des Katzenklos oder Platzieren des Klos an einer ruhigen Stelle (wo die Katze eventuell schon unsauber war) oder Aufstellen mehrerer Klos.
Unterlassen Sie jegliche Bestrafung (es verstärkt nur das Fehlverhalten) und ignorieren Sie unerwünschtes Verhalten. Loben Sie die Katze bei Benützung des Katzenklos.
Reinigen Sie markierte Stellen mit Wasser oder Alkohol, nicht mit ammoniakhaltigen Reini-

gungsmitteln (verursacht erneute Markierung wegen des urinähnlichen Geruchs), und stellen Sie den Futternapf dort auf (Katzen markieren nicht am Fressplatz!).
Bei Vernachlässigung und Eifersucht als Ursache viel mit der Katze spielen und sie beachten.
Bei Unsauberkeit hilft ein Spray (vom Therapeuten) mit einem Wohlfühlstoff (Feliway®), der dem der Katze sehr ähnlich ist. Damit besprüht man die markierten Stellen in der Wohnung, wodurch sich der Stress für die Katze reduziert.
➤ **Pflanzenheilkunde:** Angst bzw. Stress lösende Heilkräuter helfen (Seite 86).
➤ **Akupressur:** Beruhigungspunkte (Seite 86).
➤ **Diätetik und Zusatzstoffe:** Neben einer ausgewogenen Ernährung Präparate mit Mineralien, Vitaminen und Aminosäuren (Seite 86) geben, um auszuschließen, dass sich die Katze wegen einer Mangelsituation nicht entspannen kann.
➤ **Licht- und Farbtherapie:** Zum Ausgleich und zur Beruhigung Bestrahlung mit Grün 3-mal täglich 20 Minuten.
➤ **Weitere Therapien:** Medikamentöse Verhaltenstherapie; Akupunktur, Homöopathie, Bach-Blüten, Tierkinesiologie, Chinesische Kräutermedizin

Spannungen im häuslichen Umfeld können die Ursache für die plötzliche Unsauberkeit der Katze sein.

8 7

TRÄCHTIGKEIT UND GEBURT

Was hat Ihre Katze?

➤ Eine Kätzin bekommt im Laufe der Trächtigkeit einen zunehmend größeren Bauch. Sie trägt ab dem Deckzeitpunkt im Schnitt 63 Tage.

➤ In der letzten Woche vor der Geburt fängt die Kätzin an, ein Nest zu bauen; manchmal nimmt sie auch gern eine für sie hergerichtete Ecke oder Kiste an.

➤ 24 Stunden vor der Geburt wird sie unruhig und hat das Bedürfnis sich zurückzuziehen.

➤ In den letzten zehn Stunden vor der Geburt werden die Wehen stärker, so dass sie ihren Platz nicht mehr verlässt. Jetzt sollten Sie die Katze in Ruhe lassen und nur noch eingreifen, wenn es zu Komplikationen kommt. Die meisten Katzengeburten laufen jedoch problemlos ab.

➤ Verhindern Sie auf keinen Fall, dass die Kätzin die Nachgeburten ihrer Jungen frisst. Es ist normal, und sie nimmt damit viele Nährstoffe wieder auf.

Trinkende Welpen bearbeiten mit den Vorderpfoten den Bauch der Mutter, um den Milchfluss anzuregen.

Was können Sie tun?

Auch wenn die meisten Katzengeburten problemlos verlaufen, sollten Sie die Telefonnummer Ihres Tierarztes und der nächstgelegenen Tierklinik bereit halten.

➤ **Pflanzenheilkunde innerlich:** Unverdünnter Himbeerblättertee erleichtert den Geburtsverlauf; er kann schon während der Trächtigkeit gegeben werden. Es gibt keine Mengenbegrenzung, weil der Tee ohne Nebenwirkungen ist (nur die Plazenta färbt sich davon grün).

Gegen Übelkeit der Kätzin hilft starker Kamillentee oder Ingwertee. Für den Ingwertee zwei dünne Scheiben frischen Ingwer mit einer Tasse heißem Wasser übergießen und 5 Minuten ziehen lassen. Eine Pipette voll abgekühltem Tee bei Bedarf der Katze direkt ins Maul verabreichen (siehe Seite 13).

Klein geschnittene Heilkräuter, wie Klettenlabkraut oder Gemeiner Schneeball (verhindert Fehlgeburt), können frisch oder getrocknet ins Futter oder als Tee (1/2 bis 1 TL pro Tag) gegeben werden.

Große Klette stärkt das gesamte System, Kamillenblüten entspannen den Körper. Löwenzahnblätter und -wurzel sowie Brennnesselblätter sind gute Calcium- und Eisenlieferanten. Bereiten Sie einen Tee daraus und verabreichen Sie 1/2 bis 1 TL davon pro Tag.

Beinwell kann eine Woche vor und nach der Geburt gegeben werden. Er kräftigt die Muskeln und heilt Verletzungen. Kamille entspannt ein angespanntes und nervöses Muttertier um die Geburt. Arnika als Tee oder Tinktur bis 1 Woche nach der Geburt ist das Mittel der Wahl zur schnellen Genesung nach der Geburt.

TRÄCHTIGKEIT UND GEBURT

Fenchelsamen, Brennnessel- und Himbeerblätter als Tee oder Tinktur (1/2–1 TL täglich) fördern den Milchfluss nach der Geburt.

VORSICHT: In der ersten Trächtigkeitshälfte auf Anwendungen mit Aloe vera, Wermut, Gartenraute, Schafgarbe, Herzgespann, Engelwurz und Traubensilberkerze verzichten, denn sie können Gebärmutterkontraktionen auslösen. Salbei und Petersilie sollten im zweiten Trächtigkeitsmonat und in der Säugezeit gemieden werden, weil sie die Milchproduktion zum Erliegen bringen können. Es sind Heilkräuter für die Entwöhnung.

➤ **Akupressur:** Während der Trächtigkeit sollten keine Punkte ohne Anweisung eines Therapeuten massiert werden, um nicht Wehen auslösende Punkte wie Di4 zu stimulieren.
Zur Reduzierung der Wehenschmerzen Bl27, Bl28, Bl31 massieren, diese Punkte nehmen regulierenden Einfluss auf die Gebärmutter auch nach der Geburt.

Als Hilfe bei der Geburt kann man Di4 (Seite 50), MP6, Bl60 und Bl62, eventuell zusätzlich Bl67 massieren.
Sollten die neugeborenen Welpen nicht anfangen zu atmen, gibt es einen Notfallpunkt: LG26 (Seite 96) stark mit dem Fingernagel oder einer Bleistiftspitze stimulieren bis zum ersten Atemzug des Welpen.

➤ **Diätetik und Zusatzstoffe:** Während der Trächtigkeit und Säugezeit sollten Sie auf qualitativ bestes Futter achten. Nicht die doppelte Menge füttern, denn dies führt nur zu Problemen bei der Geburt.
Zusätzlich zu den normalen Vitamingaben Vitamin C (1000 mg/Tag auf mehrere Male verteilt, Vorsicht Durchfallgrenze) und Vitamin E (100 IE) reichen.

➤ **Licht- und Farbtherapie:** Während der Trächtigkeit Bestrahlung ab und zu mit Grün (15 Minuten). Die trächtige Kätzin sollte sich so viel sie möchte in Tages- und Sonnenlicht aufhalten.

➤ **Edelsteintherapie:** Zur Geburtserleichterung Heliotrop, Magnesit oder Moosachat; bei Geburtskrämpfen Sandrose oder Selenit; zur Geburtsschmerzerleichterung Aprikosenachat oder Buntkupfer. Alle Steine als Edelsteinwasser geben oder in die Aura legen.

➤ **Weitere Therapien:** Homöopathie, Bach-Blüten

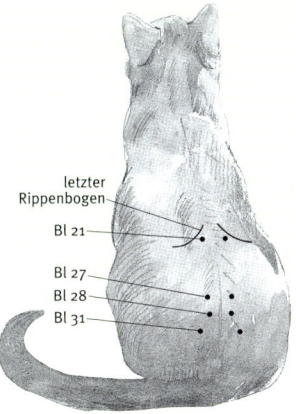

letzter Rippenbogen
Bl 21
Bl 27
Bl 28
Bl 31

Bl 27 und Bl 28 liegen auf dem Rückenmuskel seitlich der Wirbelsäule auf dem Kreuzbein. Bl 31 liegt etwas nach außen versetzt.

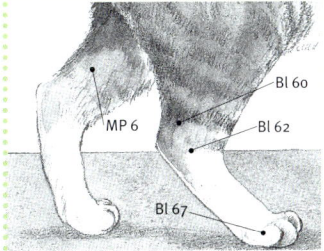

Bl 60
MP 6
Bl 62
Bl 67

Bl 67 liegt an der Außenzehe seitlich des Krallenbettes außen.

Krankheiten ...

ALTWERDEN

Was hat Ihre Katze?

➤ Die Beweglichkeit nimmt ab.
➤ Spielfreudigkeit und Jagdtrieb nehmen ab.
➤ Die Katze wird langsamer, ruhiger und beobachtet mehr.
➤ Das Fell ist nicht mehr so glänzend und an manchen Stellen nicht mehr geputzt (durch eingeschränkte Beweglichkeit).
➤ Die Katze wird mit dem Futter wählerischer.
➤ Die Immunabwehr ist geschwächt.
➤ Die Katze kann öfters Verstopfung (Seite 78) und Blasenentzündung (Seite 70) haben.
➤ Sie stört Neues im gewohnten Tagesablauf.
➤ Die Katze schläft insgesamt mehr.
➤ Seh- und Hörvermögen nehmen ab.

Ursache

➤ Zunehmendes Alter

Was können Sie tun?

Untersuchen Sie Ihre Katze bei einer Massage einmal wöchentlich, und gehen Sie mit ihr regelmäßig zum Tierarzt (2-mal im Jahr).
➤ **Pflanzenheilkunde:** Weißdorn stärkt das Herz und fördert die Durchblutung, Ginkgo verhindert oder reduziert Senilitätserscheinungen und fördert ähnlich wie Ginseng die Durchblutung. Die genannten Kräuter gibt es als Pulver in Kapseln oder als Tinktur einzeln oder in Kombination. Yucca (bei Arthritis), Löwenzahn (zur sanften Leberentgiftung), Luzerne (zur Entgiftung und bei Arthritis) und Schachtelhalm (zur Mineralstoffversorgung) – als Tee oder Pulver in Kapselform – sind gute Helfer im Alter.

Bei sonstigen Erkrankungen, siehe dort.
Chinesische Kräutermedizin (vom Therapeuten): Rezepturen mit Ginseng und anderen Kräutern halten im Alter fit und gesund.
➤ **Akupressur:** Massieren Sie täglich Langlebigkeitspunkte, wie Di4, Ma36 (Seite 50), KG6, LG4 und Dü3 (Seite 96/Nachsatz Seite 1). Bei speziellen Beschwerden, siehe dort.
➤ **Diätetik und Zusatzstoffe:** Füttern Sie ein alterndes Tier möglichst mit qualitativ hochwertigem Futter ohne Aroma-, Farb- und Konservierungsstoffe, denn die Nährstoffverwertung ist nicht mehr so gut. Das Futter einer älteren Katze muss nicht mehr so energiereich sein (wegen reduzierter Aktivität) wie das einer jungen Katze. Es gibt inzwischen Futter, das genau auf die Bedürfnisse alter Katzen abgestimmt ist.
Aus der Sicht der chinesischen Ernährungslehre ist es sinnvoll, 30–40 Prozent frisches Fleisch oder Fisch und 60 Prozent Getreide und Zusätze zu füttern. Weniger Protein im Alter ist gut, um Nieren und Leber zu entlasten. Hat Ihre Katze mit diesen Organen Probleme, sollte sie eine spezielle Diät vom Tierarzt bekommen, oder Sie kochen nach spezieller Anleitung (Seite 40). Dreimal wöchentlich sollte sie frische Innereien (Leber, Herz, Niere) bekommen.
Zur Gabe von Verdauungsenzymen und zur Vitaminversorgung siehe Seite 37.
➤ **Licht- und Farbtherapie:** Zur Anregung der Lebensfunktionen Bestrahlung mit Gelb oder Orange 2-mal täglich 15 Minuten; eventuell zur Vitalisierung angstfreier Katzen ganz kurze Bestrahlung mit Rot (bis 5 Minuten).
➤ **Weitere Therapien:** Akupunktur, Homöopathie, Bach-Blüten, Reiki, Massagen

STERBEN

Sterben ist bei vielen ein Tabuthema und mit Angst vor dem Tod verbunden. Es verliert jedoch an Schwere, wenn man besser über die Sterbeenergetik Bescheid weiß. Denn Sterben ist aus dieser Sichtweise als umgekehrte Geburt zu betrachten.

Während des Sterbeprozesses lösen sich das Bewusstsein und das elektromagnetische Feld vom Körper. Das Gleichgewicht von Materie und Energie des lebendigen Organismus kehrt sich zu Gunsten von zunehmender Energie und schwindender Körperkraft (R. Sonnenschmidt, Seite 94). Dies geschieht in wellenförmigen Bewegungen, die sich in Phasen einteilen lassen. In den Phasen können Sie als Halter mit Farbtherapie (Ihrem Tier und sich selbst) helfen, mit Hilfe eines Therapeuten zusätzlich Bach-Blüten und Homöopathika einsetzen sowie auch über den richtigen Zeitpunkt für eine gewünschte Sterbehilfe entscheiden.

➤ **1. Sterbephase:** Die schwer kranke Katze ist noch bei vollem Bewusstsein, wird zwar schwach, nimmt aber noch am Leben teil und frisst noch. Die Prognose, ob sie stirbt, ist schwer zu stellen.
Farbtherapie: Bestrahlung mit Gelb im Wechsel mit Orange 2-mal täglich 30 Minuten.

➤ **2. Sterbephase:** Der Auflösungsprozess der Kräfte beginnt: Die Katze verweigert das Fressen und sucht sich, wenn möglich, einen ruhigen Ort zum Sterben. Der Körper verbraucht seine Depots, bis der Stoffwechsel erlahmt. Dabei tritt meist ein süßlicher Azetongeruch auf, und die Katze fällt in einen apathischen oder komatösen Zustand.
Farbtherapie: Zur Schmerzlinderung für das Tier Bestrahlung mit schwachem Blaulicht (max. 40 Watt) im abgedunkelten Raum 30 Minuten; wie oft, liegt an der Dauer dieser Phase.

➤ **3. Sterbephase:** Herz und Kreislauf arbeiten wieder, auch die Schmerzempfindlichkeit ist wieder da. Erwachen aus dem apathischen Zustand, eventuell steht die Katze vom Ruheplatz auf, als ob nichts wäre.
Das ist die schwierigste und widersprüchlichste Phase. Es ist, als ob das Tier noch einmal prüft, ob es Zeit ist, zu gehen oder nicht, um sich später doch für den Tod zu entscheiden. Wichtig ist jetzt Gelassenheit, um dem Tier über diese Phase zu helfen. Sie dauert beim Tier meist nicht lange. Sterbehilfe sollte man jetzt nicht geben.
Farbtherapie: Bestrahlung mit Grün 30 Minuten in kurzen Zeitabständen. Wenn Ihnen die Krämpfe zu heftig erscheinen, mit Blau und Orange abwechselnd bestrahlen.

➤ **4. Sterbephase:** Die Katze atmet mehr aus und macht längere Pausen vor dem Einatmen, oder sie hechelt beim Atmen. Der Atem kommt dann zum Stillstand. Das Sterben geht von den Füßen zum Kopf. Der Körper der Katze wirkt kleiner, man bekommt den Eindruck von Hülle. Es ist jetzt wichtig, die Ruhe und Stille anzunehmen. Der Anfang dieser Phase wäre der beste Zeitpunkt für eine gewünschte Sterbehilfe.
Farbtherapie: Bestrahlung mit Dunkelviolett 30 Minuten lang; eine Stunde Pause vor der nächsten Bestrahlung.
Bei Katzen dauert diese Phase 1/2 bis 2 Stunden und geht meist unmerklich in die nächste Phase über.

➤ **5. Sterbephase:** Wandel von der physischen zur energetischen Ebene, sobald Atem und Herzschlag aufgehört haben. Bei Tieren erfolgt die Ablösung meist sehr eindeutig mit dem letzten Ausatmen. Danach das soeben verstorbene Tier an seinem Platz belassen.

91

Register

Halbfett gedruckte Seitenzahlen verweisen auf Abbildungen.

A

Abmagerung 53, 56
Abszess 48, 49, 69
Abwehrschwäche 50, 53
Adipositas 55
After, Belecken des 69
  -, Juckreiz am 69
Aggressivität 84, 85
Akupressur 27, **29**, 96
  - Alarmpunkte 29
  - Assoziationspunkte 29
  - Auffinden der Punkte 28, 96
  - Beruhigungspunkte 29
  - Lage der Punkte 27
  - Langlebigkeitspunkte 29
  - Schmerzlinderungspunkte 29
  - Technik 28
Akupunktur 22
Allgemeinbefinden, gestört 69, 71, 72
Allergie **51**, 51, 57
Altwerden 84, 90
Analbereich, Pflege des 13
Analbeutelentzündung 69
Angst 84, 86
Apathie 70, 72
  - mit Fieber 56, 59, 60
Appetit, übermäßiger 79
Appetitlosigkeit 48, 52, 56
Appetitmangel 79
Aromatherapie **35**, 35

Arthritis 80, 81
Arthrose 80, 81
Asthma 51
Atemnot 59, 71
Ätherische Öle 35, 48
Aufguss 31
Augenausfluss 59, 65
Augenentzündung 51, 59, 64, 65
Augenpflege **12**
Augentropfen eingeben 13
Ausschlussdiät 36
Außenparasiten 16

B

Bach-Blüten 21
Bewegung 15
Bewegungsstörung 55
Bewegungstherapie 44
Bewegungsunlust 49, 90
Blasenentzündung 70, 76
Blasensteine 76
Bronchitis 59, 68, 71

C

Chinesische Futtertherapie 38
Chinesische Kräutermedizin 32
Chirotherapie 23

D

Darmentzündung 72, 73
Dekokt 31
Diabetes mellitus 48, 53
Diät bei Allergie 36
Diät bei Blasenentzündung 40
Diät bei Blasensteinen 40
Diät bei Durchfall 37

Diät bei Nierenentzündung 40
Diät für ältere Katzen 37
Diäten selbst zusammenstellen 39
Diätetik 36
Durchfall 56, 60, 68, 72, 73, 79
  -, chronischer 51
  -, wässrig-blutiger 60
Durst 53, 70, 78

E

Edelsteintherapie 43
Ekzem 54, 58
Eliminationsdiät 36
Entwurmungsplan 16
Epilepsie 64
Erbrechen 51, 56, 60, 68, 74, 77, 78, 79
Ernährung 14, **39**

F

Farbtherapie **41**, 41
Fell
  -, glanzloses 79, 90
  -, kahle Stellen im 58
  -, stumpfes 56
  -, trockenes 78
  -, ungeputztes 90
Fellpflege 12
Fettleibigkeit 53, 55
Fieber 49, 71, 72
  - mit Apathie 56, 59, 60
Fieber messen 13, **16**
FIP 48, 56
FIV 56
Flöhe 16, 48, 57
Flüssigkeit eingeben 13, **36**
Fraktur 82

Fremdkörper im Ohr 64
Fressen, unfähig zu 59
  - vermehrt 53
  - vermindert 52, 67, 70
Fressunlust 49
Frischsaft 33
Futtermittelallergie 51
Futtersorten 14
Fütterungsregeln 14
Fütterungszusätze 37, 38
Futterzeiten 14

G

Gähnen, vermehrt 74
Ganzheitlicher Therapieansatz 10
Gastritis 74
Geburt 84, 88, 89
Gehirnerschütterung 64
Gelenkbeschwerden 55
Gelenke, geschwollen 81, 83
  - schmerzend 49
Gesäugeentzündung 75
Gewichtsverlust 79
Gewichtszunahme, übermäßig 55
Grundausrüstung 25

H

Haarausfall 51, 54
Haarballenprobleme 68
Haare, brüchig 58
Harndrang, vermehrt 70
Harngrieß 76
Hautausschlag 51
Hautpilz 58
Heilpflanzen 34
Heilsalben 31
Heiltees 31
Herzbeschwerden 51, 68

Adressen, die weiterhelfen
➤ Fédération Internationale Féline (FiFé), Little Dene Lenham Heath, Maidstone Kent ME 17 2 BS, Großbritannien
➤ Deutscher Edelkatzenzüchterverband (1. DEKZV), Berliner Str. 13, 35614 Aßlar
➤ Deutsche Edelkatze e. V., Geisbergstr. 2, 45139 Essen
➤ Deutsche Rassekatzen Union e. V. (DRU), Hauptstraße 56, 56814 Landkern
➤ Katzenverein Leverkusen (KVL), Ingeborg Marquardt, Potkuilenstraat 75, NL-5932 TJ Tegelen
➤ Österreichischer Verband für die Zucht und Haltung von Edelkatzen (ÖVEK), Liechtensteinstr. 126, A-1090 Wien
➤ Fédération Féline Helvetique (FFH), Denise Kölz, Solothurnerstr. 83, CH-4053 Basel
(Anschriften von Katzenclubs und -vereinen können Sie bei den vorgenannten Verbänden erfragen.)
➤ Gesellschaft für Ganzheitliche Tiermedizin e.V. (GGTM), c/o Dr. Heidi Kübler, Rudolf-Diesel-Str. 17, 74182 Obersulm-Willsbach, Internet: www.ggtm.de

Fragen zur Katzenhaltung beantworten auch
Ihr Zoofachhändler und der Zentralverband Zoologischer Fachbetriebe Deutschland e. V., 63225 Langen, Tel. 0 61 03/91 07 32 (nur telefonische Auskunft möglich), Internet: www.zzf.de

Krankenversicherung
➤ Uelzener Allgemeine Versicherungsgesellschaft AG, Postfach 2163, 29511 Uelzen
➤ AGILA Haustierkrankenversicherungs AG, Breite Str. 6–8, 30159 Hannover

Registrierung von Katzen
Haustier-Zentralregister für die BRD e. V. TASSO, Postfach 1423, 65783 Hattersheim
E-Mail: tasso@tiernotruf.org
Internet: www.tiernotruf.de
Wer seine Katze vor Tierfängern und dem Tod im Versuchslabor schützen will, kann sie hier registrieren lassen. Die Eintragung sowie die computergesteuerte Suche bei Vermisstenmeldung sind kostenlos.

Bücher
(falls nicht im Buchhandel, dann in Bibliotheken erhältlich)
➤ Behrend, K.: Katzen. Gräfe und Unzer Verlag, München
➤ Chmelik, S.: Chinesische Heilkräuter. Taschen Verlag, Köln
➤ Deiser, R.: Naturheilpraxis Katzen. Gräfe und Unzer Verlag, München
➤ Edition Methusalem: Das große Lexikon der Heilsteine, Düfte und Kräuter. Methusalem Verlag, Neu-Ulm
➤ Hensel, W.: Kräuter- und Heilpflanzenbuch. Bechtermünz Verlag, Augsburg

➤ Kraus, H.: Feng Shui für Heimtiere. Gräfe und Unzer Verlag, München
➤ Müller, U., Müller, Dr. A.: Tiersprechstunde. So bleibt meine Katze gesund. Gräfe und Unzer Verlag, München
➤ Pahlow, M.: Das große Buch der Heilpflanzen. Gräfe und Unzer Verlag, München
➤ Schubert, A.: Meine Katze und ich. Gräfe und Unzer Verlag, München
➤ Schwarz, C.: Traditionelle Chinesische Medizin für Hund und Katze, Akupressur, Kräuter und Diätetik. Sonntag Verlag, Stuttgart
➤ Sonnenschmidt, R.: Farb- und Musiktherapie für Tiere. Sonntag Verlag, Stuttgart

Zeitschriften
➤ Die Edelkatze. Illustrierte Fachzeitschrift für Katzenfreunde, Verbandszeitschrift des 1. DEKZV, Berliner Str. 13, 35614 Aßlar
➤ Katzen extra. Symposion Verlag GmbH, Saarbrücken

Die Autorin
Dr. Katharina Seybold arbeitet als praktische Tierärztin in München und Nussdorf bei Rosenheim. Ihr Schwerpunkt liegt auf ganzheitlicher Tiermedizin. Hier verbindet sie die Schulmedizin mit Naturheilmethoden wie Akupunktur, Traditioneller Chinesischer Kräutermedizin und Tierkinesiologie.

Das Original mit Garantie

Ihre Meinung ist uns wichtig. Deshalb möchten wir Ihre Kritik, gerne aber auch Ihr Lob erfahren. Um als führender Ratgeberverlag für Sie noch besser zu werden. Darum: Schreiben Sie uns! Wir freuen uns auf Ihre Post und wünschen Ihnen viel Spaß mit Ihrem GU-Ratgeber.

Unsere Garantie: Sollte ein GU-Ratgeber einmal einen Fehler enthalten, schicken Sie uns bitte das Buch mit einem kleinen Hinweis und der Quittung innerhalb von sechs Monaten nach dem Kauf zurück. Wir tauschen Ihnen den GU-Ratgeber gegen einen anderen zum gleichen oder ähnlichen Thema um.

**Ihr Gräfe und Unzer Verlag
Redaktion Heimtier
Postfach 86 03 25
81630 München
Fax: 089/41981-113
E-Mail:
leserservice@graefe-und-unzer.de**

Die Fotografin

Alle Fotos stammen von Ulrike Schanz, mit Ausnahme von: Seite 88: Cogis/Gissey. Ulrike Schanz arbeitet als freie Fotodesignerin und hat sich seit einigen Jahren erfolgreich auf Tierfotografie spezialisiert.

Der Zeichner

György Jankovics studierte Grafik an den Hochschulen von Budapest und Hamburg. Für eine Reihe angesehener Verlage zeichnet er Tier- und Pflanzenmotive. Auch für die GU Redaktion Heimtier hat er bereits viele Titel illustriert.

Fotos auf dem Buchumschlag

Umschlagvorderseite: Katzenschnupfen wird durch Inhalieren mit Kamillendampf gelindert. Umschlagrückseite: Mit einer Diät nach der chinesischen Ernährungslehre lassen sich Schwächen im Körper der kranken Katze ausgleichen (oben). Wickel mit Heilerde lindern Hautentzündungen (Mitte). Mit Katzenminze gefüllte Spielmäuse ziehen Katzen in ihren Bann (unten).

Impressum

© 2001 Gräfe und Unzer Verlag GmbH, München. Alle Rechte vorbehalten. Nachdruck, auch auszugsweise, sowie Verbreitung durch Bild, Funk, Fernsehen und Internet, durch fotomechanische Wiedergabe, Tonträger und Datenverarbeitungssysteme jeder Art nur mit schriftlicher Genehmigung des Verlages.

Redaktion: Sibylle Kolb, Angelika Lang
Umschlaggestaltung: independent Medien-Design, München
Layout: Antje Blees, Henning Bornemann, München
Produktion: Ute Hausleiter
Satz: Johannes Kojer, München
Reproduktion: Repro Ludwig, Zell am See
Druck: Appl, Wemding
Printed in Germany

ISBN 3-7742-1605-3

Auflage	4.	3.	2.	1.
Jahr	04	03	02	2001

Wichtiger Hinweis

Die Ratschläge und Behandlungsmethoden in diesem GU Ratgeber beruhen auf langjährigen Erfahrungen der Autorin. Da jeder Fall individuell zu behandeln ist, kann nicht jede Aussage uneingeschränkt gültig sein. Das Buch erhebt trotz sorgfältiger und umfassender Darstellung keinen Anspruch auf Vollständigkeit. Bei Komplikationen ist deshalb unbedingt der Tierarzt aufzusuchen. Achten Sie bei allen Maßnahmen bei der Katze auf ausreichende Hygiene. Sollten Sie dabei selbst verletzt werden, gehen Sie im Zweifelsfall zum Arzt.

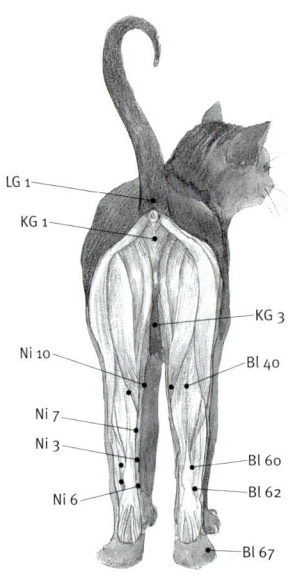

LG 1
KG 1
KG 3
Ni 10
Bl 40
Ni 7
Ni 3
Bl 60
Ni 6
Bl 62
Bl 67

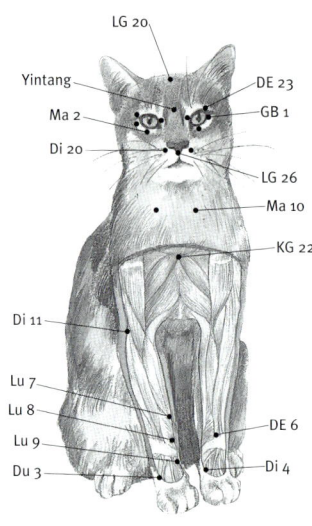

LG 20
Yintang
DE 23
Ma 2
GB 1
Di 20
LG 26
Ma 10
KG 22
Di 11
Lu 7
Lu 8
Lu 9
DE 6
Du 3
Di 4

Wichtig für die Akupressurpunktsuche:

➤ Die Punkte liegen meist in Vertiefungen zwischen zwei Muskeln, zwischen Muskeln und Bändern oder Muskeln und Knochen.

➤ Die Punkte liegen immer neben Knochenvorsprüngen.

➤ Zum besseren Auffinden der Punkte am Rücken ist in den Akupressurzeichnungen bei den jeweiligen Krankheitsbildern der letzte Rippenbogen eingezeichnet.

➤ Im Winkel der Wirbelsäule mit der letzten Rippe liegt auf dem Rückenmuskel in einer kleinen Vertiefung Bl21. Von diesem Punkt aus zählen Sie auf dem Blasenmeridian die Punkte jeweils einen Wirbelabstand nach vorne oder hinten. Zur besseren Orientierung sind diese »Zwischenpunkte zum Zählen« auf den Abbildungen mit eingezeichnet.

Wichtig für die Akupressurbehandlung:

➤ Behandeln Sie Ihre Katze nur mit warmen Händen und wenn Sie entspannt und ruhig sind.

➤ Den betreffenden Punkt stimulieren Sie durch Druck mit der Spitze von Zeigefinger oder Daumen fünf Sekunden lang.

➤ In akuten Fällen drücken Sie die entsprechenden Punkte bis zu 3-mal täglich.

➤ In chronischen Fällen drücken Sie die entsprechenden Punkte 4- bis 6-mal täglich.

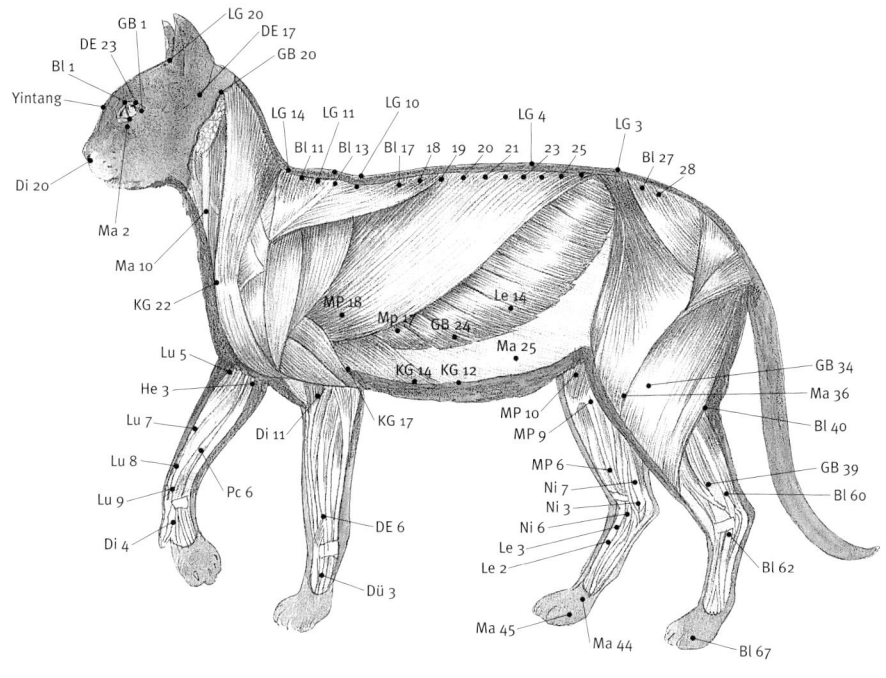

Benennung der Akupressur-/Akupunkturpunkte

Die Benennung erfolgt nach den Meridianen und einer Ziffer, die die Position des Punktes auf dem Meridian bezeichnet. Bis auf Konzeptionsgefäß und Lenkergefäß, die in der Körperachse liegen, sind alle anderen Meridiane rechts und links der Körperachse angelegt. Die Meridiane werden abgekürzt. Es bedeuten:

Bl: Blase
DE: Dreifach Erwärmer
Di: Dickdarm
Dü: Dünndarm
GB: Gallenblase
He: Herz
KG: Konzeptionsgefäß
Le: Leber

LG: Lenkergefäß
Lu: Lunge
Ma: Magen
MP: Milz/Pankreas
Ni: Niere
Pc: Pericard (Herzbeutel)
Yintang: Sonderpunkt